# 映像メディア論
### 映画からテレビへ、そして、インターネットへ

辻　泰明　著
Yasuaki Tsuji

Visual Media Studies
Cinema, Television and Internet Video

和泉書院

# はじめに

　映像という語は、広義には、写真や絵画など静止画をも含め、物の像や影を意味するが、本書では、特別な場合を除き、映画作品、テレビ番組、インターネットで配信される動画などの意味で映像という語を用いる。

　動く映像をメディアとして伝える映画が誕生したのは、本書を執筆している時点である 2016 年から 120 年ほど前の 19 世紀末のことである。映画の次に、動く映像を伝えるメディアとして、映画には無かった同時性を備えたテレビが普及したのは、今から 60 年ほど前の 20 世紀半ばのことである。そして、今、またも新たなメディアとして、インターネットを通じた映像配信（以下、インターネット配信と略す）が勃興し、映像メディアは大規模な変革のさなかにある。

　15 世紀にグーテンベルクによって活字印刷術が発明されて以来、一つのコンテンツを大量に複製して可能な限り多くの人びとに伝播するという形態で、マスメディアは発展してきた。映画もテレビもその発展の延長上にあるメディアである。しかし、インターネット配信は、こうしたマスメディアとは異なる特性を有している。

　インターネット配信が有する特性とは、送り手と受け手が双方向で結ばれていることである。その結果、送り手から受け手への編集権の移行、送り手と受け手の区別の消滅、送り手による受け手の行動の即時かつ詳細な把握など、映画やテレビではなしえなかったことが可能になっている。今日、起きていることは、グーテンベルク以来の変化であり、まさに革命というにふさわしい事態といえる。

　映像メディアは、映画からテレビへ、そして、インターネット配信へと発展してきたが、その研究は、これまでそれぞれが別の分野、すなわち映画は主として芸術学、テレビは主として社会学、インターネット配信は主として

情報学あるいは工学の領域でおこなわれてきた観がある。多くの図書館では、映画に関する書物は、もっぱら「芸術」の棚に、テレビに関する書物は、もっぱら「社会科学」あるいは「産業」の棚に配架され、インターネット配信に関する書物は、「技術」や「産業」などの棚に散在していることが多いと思われる。

　このように映画、テレビ、インターネット配信という3種の映像メディア（本書ではこれらを映像メディアの3階層として詳述する）は、それぞれ別の分野としてこれまで取り扱われてきており、三つの映像メディアを通観し、それぞれの特性を比較した研究は、まだこれからというのが現状である。とりわけ、映像配信サイトの構築と運営や映像アーカイブのインターネット展開と連携など、近年の事象についての詳細な研究においては、その感が強い。

　そこで、本書では、映画、テレビ、インターネット配信を、映像メディアとして俯瞰（ふかん）し、それぞれに共通する原理あるいは現象と、それぞれに固有の特性について論述する。また、特に、インターネット配信における各メディアの連携と融合についても論及する。

　まず、第1章において、現在、進行しつつある映像メディアの革命とその意義を、映画、テレビ、インターネット配信それぞれの関係において論述する。

　続く第2章から第4章までの3章で、映像メディアが伝播する映像コンテンツについて、文法、構成、類型の三つの観点から基礎的な知識と原理を概説する。

　次いで第5章から第7章までの3章で、映画、テレビ、インターネット配信それぞれの特性と機能について概説する。

　そして、第8章と第9章において、映像コンテンツを収集し保存する場である映像アーカイブと、インターネットにおける映像メディアの中核である映像配信サービスについて概説する。

最後に第 10 章において、映画、テレビ、インターネット配信それぞれが連携し融合することによって産み出される新たなサービスの可能性とそれを担う人材について論述する。

　もとより、映像コンテンツの法則や映像メディアの歴史をこの小著であまねく解説し論述することは不可能である。したがって、本書における記述は、あくまで映像メディアおよび映像コンテンツを知識情報の資源として利活用する際に、備えておいたほうがよい知識、わきまえておいたほうがよい理解の範囲内にとどまるものであることは、ご容赦いただきたい。

　本書では、限られた紙幅から本書で述べたことの具体例を僅かしか挙げることができなかった。そこで、2 章から 9 章までは、特に豊富な具体例を掲載している参考書を、次に読むことをお勧めする 1 冊として、それぞれの章末に掲げた。1 章につき 1 冊としたのは、読者に道しるべがわかりやすいようにするためであって、これら以外にも数多くの良書があることはいうまでもない。

　今後、さらに盛んになると予想される映像コンテンツの利活用には、インターネット配信を含めた映像メディアに関する知識と理解が欠かせない。革命的な変革のさなかにある映像コンテンツおよび映像メディアに対して関心を持つ人びとのために本書が僅かなりとも参考になれば幸いである。

# 目 次

はじめに……i

## 第1章 映像メディアの革命とその意義

### 1-1 映像メディアの3階層——映画、テレビ、インターネット配信……1
過去に起こった転換……1
現在起こりつつある転換……2
テレビ対インターネット……4
インターネット配信の勃興……5

### 1-2 映像メディアの転換における三つの経験則——断絶、包含、膨張……7
第1の経験則「断絶」……7
第2の経験則「包含」……8
第3の経験則「膨張」……10

### 1-3 デジタル化とインターネット配信がもたらす革命……11
パッケージの束縛からの解放……11
受け手への編集権の移行……12
制作者と視聴者の溶融……13

### 1-4 映像コンテンツの利活用とリテラシーの必要性……14
新たなサービスの登場……14
映像に関する知識と理解はなぜ必要か……15

## 第2章 映像コンテンツの文法

### 2-1 動く映像の原理……17
映画の誕生……17
連続写真の発達……18
空間の切片と時間の断片……19

### 2-2 映像コンテンツにおける「文」と「文法」……20
映像コンテンツの単位……20

ショットの三つの側面 …………21
　　映画（映像）と言語 …………22

**2-3 想定線の法則** …………23
　　二人の人物が対話する時に起こる現象 …………23
　　想定線の存在 …………25
　　「裏に入る」 …………27
　　動く被写体の場合 …………29
　　「芝居を返す」 …………31
　　エスタブリッシング・ショットの働き …………32
　　隠し撮りとミザンセーヌ（演出） …………34

**2-4 モンタージュの理論** …………35
　　時間の流れのコントロール …………35
　　モンタージュによる意味の付与 …………36
　　編集によるニュアンスの生成 …………37

# 第3章　映像コンテンツの構成

**3-1 映像コンテンツにおけるストーリーとプロット** …………39
　　シーンとシークエンス …………39
　　プロットと物語世界 …………40
　　ハリウッド映画の「型」 …………41

**3-2 映像コンテンツの3幕構成と各部の役割** …………42
　　発端・中盤・結末、それぞれの機能 …………42
　　課題解決と「旅」 …………43

**3-3 プロットポイントの機能** …………44
　　二つのプロットポイントと3幕の比率 …………44
　　ミッドポイントとキイ・インシデント …………46
　　主人公と物語の進行 …………47

**3-4 映像コンテンツの構成分析によってわかること** …………47
　　ハリウッド映画以外の3幕構成 …………47
　　映像コンテンツ構成の相似形 …………49
　　構成分析の意義 …………50

## 第4章 映像コンテンツの類型

**4-1** フィクションとノンフィクションおよびニュース、
ドラマ、ドキュメンタリー ……………52
映像コンテンツの2類型 ……………52
映像コンテンツの3類型 ……………53
映像コンテンツのスペクトル ……………55

**4-2** ノンフィクションが持つフィクション性 ……………56
ドキュメンタリーの古典『アラン』……………56
「再現」の問題 ……………58
注意深く再構成された虚構 ……………59
ドキュメンタリーの記録性 ……………60

**4-3** フィクションが持つノンフィクション性 ……………61
ヌーヴェル・ヴァーグの劇映画『勝手にしやがれ』……………61
文法の逸脱 ……………62
劇映画（ドラマ）の資料性 ……………63

**4-4** フィクションとノンフィクションの接合 ……………65
類型の混淆 ……………65
真珠湾攻撃のドキュメンタリー ……………66
純粋な現実＋完全な虚構 ……………68

## 第5章 映像メディアの第1階層＝映画

**5-1** 映像メディアの誕生 ……………70
キネトスコープ対シネマトグラフ ……………70
動く映像がメディアになった時 ……………72

**5-2** 見せ物から芸術へ ……………73
トリックSFの元祖『月世界旅行』……………73
編集による思想の表現 ……………75

**5-3** 思想表現の手段としての映画 ……………77
ヴェルトフの『キノ・プラウダ（映画・真実）』……………77

プロパガンダ（思想宣伝）の発展……78
第 2 次世界大戦とニュース映画……79
ハリウッドと戦争……80

## 5-4 映像コンテンツの記録性とその意義……82
ホーム・ムービーの価値……82
歴史の証拠としての映像コンテンツ……83

# 第 6 章　映像メディアの第 2 階層＝テレビ

## 6-1 テレビにおけるコンテンツの二つの型──ストックとフロー……85
実況中継とテレビの本質……85
過去と現在を表す、ストックとフロー……87
放送と編集の同時進行……88
同時性によるコンテンツの分断……90

## 6-2 テレビの同時性と記録の問題……91
テレビにおけるコンテンツの分類……91
テレビにおけるコンテンツの越境……92
テレビにおける記録の 2 段階……93

## 6-3 テレビの日常性、直接性、受動性……96
「第 5 の壁」……96
画面を越えて話しかけてくる者……97
発話内容か発話行為か……98
ベトナム戦争とテレビ……99

## 6-4 テレビが映し出すものと映し出さないもの……101
同時性のパラドックス……101
事前の「仕込み」と月面着陸……102
「映さない」ことと湾岸戦争……103

# 第 7 章　映像メディアの第 3 階層＝インターネット配信

## 7-1 インターネット配信の特性と諸形態……106
映像配信サイトの出現……106

動画投稿の伸張……107
　　　映画、テレビ、インターネット配信の3層構造……109
　　　同時配信とビデオオンデマンド……110

## 7-2 ビデオオンデマンドの双方向性、検索性、随時参照性……111
　　　キャッチアップとアーカイブ……111
　　　テレビとインターネット配信との方向性の違い……113
　　　インターネット配信における送り手と受け手……114
　　　視聴率か視聴数か……115

## 7-3 動画投稿における制作者と視聴者の溶融……117
　　　送り手と受け手の区別の消滅……117
　　　映像による新たなコミュニケーション……118

## 7-4 デジタル化がもたらす新たな課題
　　　――コンテンツの断片化と現実が存在しない映像の創作……120
　　　デジタル化の3種の態様……120
　　　コンテンツの断片化がもたらすもの……122
　　　映像の合成と創作……123

# 第8章　映像アーカイブの過去・現在・未来

## 8-1 映像アーカイブの歴史と『映像の世紀』……126
　　　映画フィルムアーカイブの始源……126
　　　テレビ番組アーカイブの起動……128
　　　『映像の世紀』プロジェクトの意義……128
　　　映像アーカイブの新たな次元……129

## 8-2 映像アーカイブの現状と著作権の問題……130
　　　インターネット配信の進展……130
　　　アナログ資料のデジタル化……131
　　　著作権と権利処理の課題……132

## 8-3 映像アーカイブの今後とメタデータの重要性……133
　　　映像コンテンツの検索における二つの方法……133
　　　キャプションとメタデータの付与……134

**8-4** 映像アーカイブの将来とインターネット連携 …………136
　World Digital Library と Europeana …………136
　映像アーカイブと他のデジタルアーカイブとの結びつき …………137

---

## 第9章　映像配信サービスの要理

**9-1** 映像配信サービスの構造 …………139
　映像配信サービスの類別 …………139
　映像アーカイブと映像配信サイトの関係 …………140
　映像配信サイトにおける業務の流れ …………141

**9-2** コンテンツのアグリゲーション …………142
　元栓処理と蛇口処理 …………142
　コンテンツ・プロバイダーとプラットフォーム事業者の関係 …………144
　オリジナルコンテンツの制作 …………146

**9-3** 集客安定化の方策 …………146
　TVOD（都度課金）とSVOD（定額課金）…………146
　SVODの利点と課題 …………148
　インターネットにおける広告 …………149

**9-4** Web解析による利用者の動線分析と映像配信サイトの編成 …………150
　双方向性によって得られる情報 …………150
　Web解析によるサイトの改善 …………152
　分析に基づくコンテンツの配置 …………153
　動線分析とA/Bテスト …………154
　映像配信サイトの編成と人間の役割 …………156

---

## 第10章　映像メディアの連携と融合

**10-1** 映画、テレビ、インターネット配信　それぞれの特性の比較 …………158
　三つの映像メディアが有する特性の一覧 …………158
　伝送の方向 …………158
　送り手と受け手の関係および視聴態様 …………159
　時制 …………160
　次のメディアに吸収されずに残る特性 …………161

## 10-2 映画、テレビ、インターネット配信、相互の連携と融合 …………162
    非日常と日常の組み合わせ …………162
    メディアミックスとウィンドウコントロール …………163
    複数メディアの同時展開 …………163
    受動と能動のＴ字形連動 …………164

## 10-3 インターネット配信におけるマルチデバイス化と諸類型の統合 …………167
    マルチデバイスの諸形態 …………167
    ライブ、キャッチアップ、アーカイブの統合 …………168

## 10-4 新たなサービスの創造とメディアプロデューサーの役割 …………170
    映像メディアの革命が生む新たな文化 …………170
    来るべきメディアにおいて必要とされる人材の条件 …………171


注 …………175
参考文献 …………186
索引 …………191
おわりに …………193

# 映像メディアの革命とその意義

## 1-1 映像メディアの3階層──映画、テレビ、インターネット配信

### 過去に起こった転換

　始めに1枚のグラフをご覧いただきたい。図1の折れ線Aは何を、そしてBは何を表しているだろうか。ヒントはグラフの年号表示である。

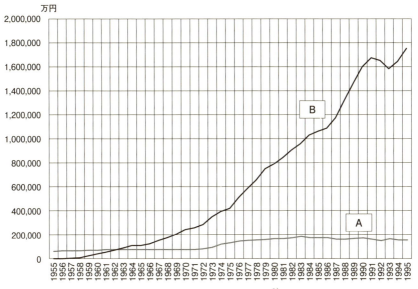

**図1　過去に起こった転換**[1)]

　年号をみれば、このグラフが20世紀後半のものとわかる。映像メディアで20世紀後半に起きた顕著な現象は、映画からテレビへの転換だった。したがって、答は、Aが日本における映画の興行収入の推移、Bはテレビの事業収入の推移である。

1962年と1963年の間で二つの折れ線が交差している。すなわち、この年にテレビが産業の規模として映画を抜き、以後は年を追って差が開いていく。

　以上は日本における例だが、アメリカでは、これより早く1950年代に映画からテレビへの転換が生じた。アメリカにおける映画の興行収入は1947年に15億9400万ドルであったものが、1954年には12億2800万ドルに減少、一方、同期間のテレビは、広告収入ではなく台数であるが、1947年に1万4000台だったものが、1954年には3200万台に達した[2]といわれる。

　1950年代半ばの年間映画製作本数のうちアメリカが35％、日本が20％であって「量的には1950年代の映画をリードしていたのはアメリカと日本であった」[3]といわれる。一方、テレビの普及数では、日本は「おそらく世界でも稀な現象であり、世界の常識を逸脱した」[4]ものという「短期間における急速な発展ぶり」[5]の結果、1963年12月末には受信契約数が1500万を突破、「世帯単位普及率は73.4％となり、受信機の絶対数ではアメリカについで世界第2位」[6]となった。映画においてもテレビにおいても世界の1位と2位の国で映画からテレビへの転換が起きたわけだが、同様の現象は、1950年代半ばから1960年代初頭にかけて、西ヨーロッパ諸国でも生じて[7]いる。

### ■ 現在起こりつつある転換

　では、次のグラフはどうだろう。図2の折れ線Cは何を表しているだろうか。

　答は、日本におけるインターネット広告費の推移である。図の年号表記は1996年から2014年となっている。すなわち、これは20世紀末から21世紀初頭に起きた現象を表したものだ。

　インターネット広告費は、2004年にラジオを抜き、2006年に雑誌を抜き、そして2009年に新聞を抜いた。そして、2014年の時点では、まだテレビを抜いてはいないが、20世紀後半におけるテレビと似たような勢いで伸長している（日本におけるテレビの広告収入は1957年に雑誌のそれを、1959年にラジオのそれを、1975年に新聞のそれを抜いた）。

　海外では日本とは広告費の算出基準が異なるため単純な比較はできないが、

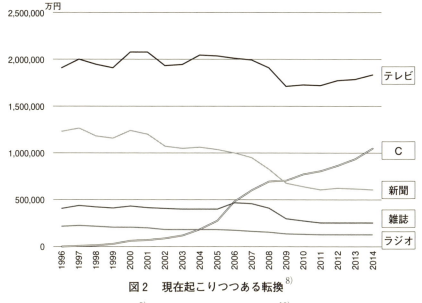

図2　現在起こりつつある転換[8]

イギリスでは2009年に[9]、アメリカでは2013年[10]に、インターネット広告費がテレビのネットワークでの広告費を抜いたといわれている。

　図2に示したのはインターネット全体の広告費であって、インターネットにおける映像配信に特化したデータではない。映像配信の事業規模はまだテレビのそれよりもかなり小さいものと想定される。しかし、インターネットにおいては、ポータルサイトやニュースサイトを始めとして、多くのサイトに動画が掲載されている。また、SNS（ソーシャル・ネットワーキング・サービス＝主として個人と個人の間で情報を交換し、インターネット上で社会的なつながりを構築するサービス）でも動画を投稿したり交換したりすることがおこなわれている。このことから、インターネットを総体として一つの巨大な映像メディアとみなすこともできるだろう。そこには映像だけでなく、文字も音楽も静止画も含まれている。映画もその内に文字や音楽や静止画を内包しうるメディアであり、テレビも同様である。この点では、インターネットと映画およびテレビは、よく似た性質を持っている。ただし、本書では、特に断らないかぎり、映像メディアとしては、インターネット総体

ではなく、その中の映像配信サービスを対象として論じる。

### ▶ テレビ対インターネット

　前述したインターネット広告費だけでなく、映像配信の観点からも、現在、大きな変化が生じつつある。

　アメリカでは、映像コンテンツの視聴が、これまでのようにテレビ（アメリカの場合、ケーブルテレビが多い）においてではなく Netflix（ネットフリックス）などの映像配信サービスを利用して、インターネット経由でおこなわれるようになっている。このことは、利用者が、それまでつながれていたケーブルテレビのコードを抜いて、インターネット回線に切り替えることから、コードカッティング cord cutting ともいわれる。

　日本の状況はどうか。2015 年におこなわれた「日本人とテレビ 2015」調査[11)]によれば、2010 年と比較してテレビを「『ほとんど、まったく見ない』人と『短時間』（30 分～2 時間）視聴の人が増加、『長時間』（4 時間以上）視聴の人が減少」[12)]した。その結果、全体の視聴時間は、この調査を始めた 1985 年以降で「初めて"短時間化"する」[13)]傾向に転じた。

　この調査において、年層別に詳しくみると、テレビに毎日接触する人は図

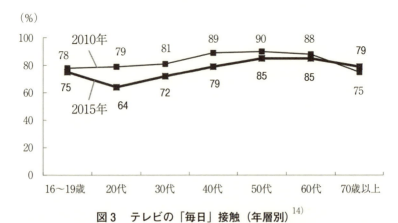

図3　テレビの「毎日」接触（年層別）[14)]
（NHK 放送文化研究所「『日本人とテレビ 2015』調査　結果の概要について」より）

3のように20代から50代の幅広い年層で減少している。

それに対し、インターネットに毎日接触する人は図4のように、60代以下とさらに幅広くほとんどの年層で増加している。

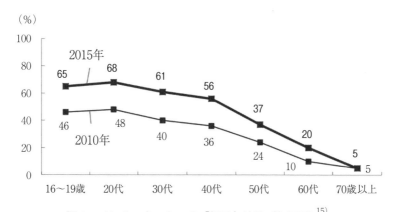

図4　インターネットへの「毎日」接触（年層別）[15]
（NHK放送文化研究所「『日本人とテレビ　2015』調査　結果の概要について」より）

## インターネット配信の勃興

ここまでの記述は、インターネット全体をとらえたものだが、映像メディアに焦点をあててみるとどうだろうか。表1は、同じ調査において、テレビとインターネット配信（ここでの言い方はインターネット動画）に関する三つの項目について、2010年と2015年の結果を年層別に比較したものである。

三つの項目すべてでインターネットに関する評価あるいは行動が増えているが、特に「テレビよりインターネット動画のほうが面白いと思う」人は20代以下では5割を超えている。

以上は、利用者すなわち受け手の側におけるメディア転換の様相だが、転換は制作者すなわち送り手の側でも進行しつつある。

その一例が、4Kコンテンツの配信である。4Kとは、横4,000×縦2,000前後の解像度を持つ超高画質映像の略称で、これまで高画質映像の代表格だったハイビジョンの4倍程度の画素数を持つ。この4K画質の映像コンテ

**表1 動画視聴行動〈「よく」＋「ときどき」ある〉（年層別）**[16]（NHK放送文化研究所「『日本人とテレビ 2015』調査 結果の概要について」より）

(％)

|  | 全体 | 16～19歳 | 20代 | 30代 | 40代 | 50代 | 60代 | 70歳以上 |
|---|---|---|---|---|---|---|---|---|
| テレビよりインターネットの動画のほうが面白いと思う | 19 | 48 | 44 | 31 | 21 | 13 | 4 | 1 |
|  | 27 | 66 | 54 | 45 | 35 | 26 | 9 | 3 |
| 見逃したテレビ番組を動画サイトで見る | 14 | 51 | 33 | 21 | 14 | 6 | 2 | 2 |
|  | 17 | 51 | 43 | 26 | 23 | 13 | 3 | 1 |
| 時間があるときは、テレビよりも動画のほうを見る | 11 | 38 | 28 | 15 | 14 | 6 | 2 | 2 |
|  | 17 | 46 | 47 | 27 | 20 | 12 | 5 | 2 |

（100％＝全体）　　上段：2010年、下段：2015年

ンツの有料提供が、2014年秋、日本ではテレビに先駆けてインターネット配信によって始まったのである。これは、現在進行しつつあるメディアの転換を送り手の側で象徴する出来事といえるだろう。

　最初の映像メディアである映画の誕生は、1895年、フランスのリュミエール兄弟による有料上映の時といわれている。それから、およそ60年後の1950年代に映画からテレビへの転換が始まり、それからまた、およそ60年後の2010年代にテレビからインターネット配信への転換が進みつつある。

　20世紀後半におきた映画からテレビへの転換、そして、現在（2010年代）進みつつあるテレビからインターネット配信への転換、この二つには、その性質においていくつか共通した現象を観察することができる。同じような現象が繰り返して起きていることから、本書ではそれを経験則と呼ぶことにする。その経験則は三つある。（1）断絶の経験則、（2）包含の経験則、そして（3）膨張の経験則である。

## 1-2 映像メディアの転換における三つの経験則──断絶、包含、膨張

### 📽 第1の経験則「断絶」

　第1の経験則「断絶」とは、すなわち、「前のメディアが発展して次のメディアとなるわけではない」ということである。映画が発展してテレビになったわけではなく、テレビが発展してインターネット配信になったわけでもない。前のメディアと次のメディアは、この意味で「断絶」しているといえる。

　映画が誕生したのは1895年とされているが、その頃には既に欧米の各地でテレビの研究が始まっていた。遠くへ図形を電送するというテレビの原理がアメリカで提案されたのが1875年[17]といわれている。その後、競って研究と開発が進められ、1926年には日本の高柳健次郎がブラウン管テレビを開発、1936年にはイギリスのBBC（英国放送協会）がテレビの公開放送を開始している。

　テレビの開発は映画とは別に進められており、映画が進化してテレビになったのではないということになる。

　では、インターネットはどうか。「一九六九年にアメリカの四つの大学・研究所をつなぐコンピュータネットワークARPAnetの研究が開始され、また、同じ時期にベル研究所でUNIXオペレーティングシステムが誕生」したことが、その起源[18]であるという。

　インターネットもテレビが最盛期を迎えた時点で既に誕生していたことになる。映画からテレビへの場合と同様、テレビからインターネットへの転換も前者が進化して後者になったのではなく、別の領域で発芽し独自に成長したあげく、主役の座を奪ったのである。

　したがって、映画、テレビ、インターネット配信それぞれを前者から後者への発展段階としてとらえることは適切ではない。映像メディアの歴史における3者の位置づけは、発展というよりもむしろ階層と呼ぶのがふさわしい。この呼び方は、次に述べる第2の経験則「包含」からも導きだされる。

### 第2の経験則「包含」

第2の経験則「包含」とは、すなわち、「前のメディアのコンテンツは次のメディアのコンテンツとして包含される」ということである。

テレビにおいては電波で映画作品を放送することが可能であり、インターネットにおいては通信回線でテレビ番組を配信することが可能なように、次のメディアは技術的に前のメディアのコンテンツを包含することができる。ただし、その逆は成り立たない。原則として、映画作品の中に現実のテレビ放送そのものをリアルタイムで入れこむことはできない[19]し、テレビ放送がインターネットと同様の双方向性を持つことはできない[20]。

この時、次のメディアでは前のメディアでは不可能に近かった新しい形態（ジャンル）のコンテンツが生まれる。テレビには、映画では考えられなかった、災害中継、スポーツ中継、コンサート実況、生放送によるニュース番組、討論番組などが登場した。インターネット配信では、ビデオオンデマンド、動画投稿、ライブストリーミング（インターネットにおける同時中継）などが出現した。

映画からテレビへの転換、テレビからインターネット配信への転換における、前のメディアと次のメディアの関係をコンテンツの観点から図示すると図5のようになる。

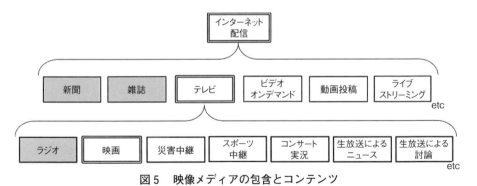

図5　映像メディアの包含とコンテンツ

図5の一番下の行は、テレビにおけるコンテンツ群を示している。図中、ラジオは映像メディアではないが、その主たる部分がコンテンツとしてテレ

ビに取りこまれたと考えられるため、図に含めてある。映画以外のコンテンツ群は、もともとラジオに存在していたコンテンツでもあるからである。逆にいえば、これらのコンテンツから映像を取り去ればラジオのコンテンツとなる。このことから、テレビとは映画とラジオを合体させたものだともみなせることになる。ラジオにあって映画に無かったものは同時性だった。したがって、テレビにおいて新たに登場したコンテンツ群は、同時性をその主たる属性としている。実際に、ビデオテープレコーダーが普及するまでは、テレビにおいては、フィルムで記録されたコンテンツすなわち映画以外は同時性のコンテンツであり、テレビドラマも生(同時)で放送されていたのである。

　図5の中央の行は、インターネット配信におけるコンテンツ群を示している。図中、新聞と雑誌は映像メディアではないが、新聞はニュースサイトに、雑誌はメールマガジンや定期更新のブログ、サイトなどのコンテンツに置き換わってインターネット配信に取りこまれたと考えられるため、図に含めてある。新聞や雑誌にあってテレビに無かったものは随時参照性である。録画装置の普及によってテレビ番組も随時参照性を得たとはいえるが、雑誌や新聞と同等までにはいたらなかった。この行に並ぶコンテンツ群のうち、ビデオオンデマンドと動画投稿は、随時参照性をその属性とし、さらに検索性も兼ね備えている。ビデオオンデマンドや動画投稿が有する随時参照性と検索性は、双方向性が存するがゆえに成立する特性であり、ライブストリーミングも送り手と受け手が回線で双方向につながれている。インターネット配信は同時性と双方向性を兼ね備えたメディアであるとみなすことができる。

　三つのメディアの関係をコンテンツではなく、メディアの特性によって整理すると図6のようになる。

　映画、テレビ、インターネット配信の3者は次のメディアが前のメディアの上に覆い被さるようにして、階層構造を形成する。

　前節でインターネットの広告費が近い将来テレビのそれを抜く可能性があることを述べた。しかし、仮にインターネットの広告費がテレビのそれを抜くことが起きないとしても、また、インターネットによる映像配信の事業規模がテレビより小さいままにとどまるとしても、インターネット配信がテレ

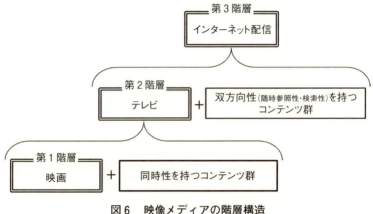

**図6　映像メディアの階層構造**

ビの次のメディアであり、質的に上位にあることは変わらない。なぜなら、テレビとインターネット配信は一方的な互換(ごかん)関係にあるからだ。テレビはインターネット配信の機能を代替することができないのに対し、その逆は可能である。すなわち、インターネット配信とテレビは、インターネット配信がテレビに対して上位の互換性を有するといえる。

### ▶ 第3の経験則「膨張」

次のメディアが前のメディアのコンテンツを包含する結果、次のメディアが有するコンテンツの種類と量は必然的に前のメディアよりも多くなる。ここから、第3の経験則「膨張」が導き出される。

ここでいう「膨張」とは、次のメディアでは、前のメディアがもともと持っていたコンテンツに加え、前のメディアにはなかった新しい形態のコンテンツが生まれ、コンテンツの種類と数量が膨張するということを意味する。

その膨張の度合いを数量で示すことは容易ではないが、一例として、21世紀初頭の時点で、フランスの国立視聴覚研究所であるINA（L'institut national de l'audiovisuel）のアーカイブに保管されているテレビ番組が100万時間分だったのに対し、同時期に同じフランスの映画会社であるゴーモンとパテのアーカイブに保管されている映画は両者合わせても1万2000時間

（INA におけるテレビの 100 分の 1 程度）だった[21]こと、またインターネットにおいて投稿動画を配信するサイトである YouTube にアップロードされる動画が、2007 年の時点で毎分 6 時間だったのが、2012 年の時点ではその 10 倍の毎分 60 時間[22]（年換算で 3153 万 6000 時間）になったことなどが、示唆になるだろう。

「断絶」、「包含」、「膨張」という三つの経験則は、映画からテレビへの転換、そして、テレビからインターネット配信への転換のいずれの場合にも共通して観測できる現象である。しかし、このことから、両者すなわち 2 度の転換が全く同じ性格の事象が繰り返し生起したものだと結論づけることはできない。テレビからインターネット配信への転換には、映画からテレビへの転換の時とは異なる革命的な変化が生じているからである。次節ではその変化について述べる。

## 1-3 デジタル化とインターネット配信がもたらす革命

テレビからインターネット配信への転換は、映画からテレビへの転換とは異なる革命的な変化を示す。その変化は三つの側面を持っている。一つはパッケージの束縛からの解放、もう一つは受け手への編集権の移行、そして三つめは送り手と受け手の区別の消滅に伴う制作者と視聴者の溶融である。

### ■ パッケージの束縛からの解放

まず、パッケージの束縛からの解放について述べる。これは、20 世紀の終わり頃から急速に進んだ、映像コンテンツのデジタル化とインターネット配信が相まって可能になったことである。

映画における主要な記録媒体はフィルムだった。テレビの場合はフィルムおよびビデオテープだった。いずれもアナログ素材で、それぞれフィルム缶やケースあるいはカセットといったパッケージに収められており、その視聴には専用の映写機または再生装置を用いる必要があった。

ところが、デジタル化によって映像コンテンツは、これらのパッケージか

ら脱し、動画ファイルとして存在することになった。これは、ワードプロセッサーの登場によって手書きの原稿ではできなかった文章のカット＆ペーストが自在にできるようになったこと同様、映像コンテンツをクリップとよばれるパーツに分解し自在に組み合わせて活用できるようになったということでもある。

そして、デジタル化されたコンテンツがインターネットを経由して配信される時、第2の現象――受け手への編集権の移行をもたらす。

## 受け手への編集権の移行

インターネットのサイト上には複数のコンテンツが併置され、どのコンテンツをどの順番で視聴してもかまわない。あるコンテンツをすべて視聴しなくても、途中で止めて他のコンテンツに移ることが可能である。

デジタル化とインターネット配信が結びつく以前の映像メディア、すなわち、映画やテレビにおいては、何を上映し何を放送するかを決める編集権は映画会社（配給会社）やテレビ局[23]にあった。もちろん観客や視聴者の側にもコンテンツを選択する権利はあったが、映画なら映画館で、テレビならテレビ受信機で、上映または放送されるコンテンツは、ある決まった時間に予め映画会社やテレビ局が定めた順番によっていた。映画あるいはテレビにおいては、コンテンツは送り手が決めた時間と順番によってでしか視聴できなかった。

インターネットならではの映像の配信形態であるビデオオンデマンドはこの関係を逆転させた。いつ何を視聴するかという時間と順番を決定するのは受け手の側になったのである。

ビデオオンデマンドは、インターネットにおいて送り手と受け手が通信回線で結ばれており、両者が双方向で情報をやりとりすることで可能になっている。そして、この双方向という特性が、インターネット配信による映像メディアの革命における第3の現象、すなわち、送り手と受け手の区別の消滅による制作者と視聴者の溶融をもたらすことになる。

### ▶ 制作者と視聴者の溶融

　映画およびテレビにおいては、作品または番組の制作者はその観客または視聴者とは区別されていた。映画もテレビも撮影や収録には高価で大規模な装置が必要だった。映画の場合、その上映は産業としては配給会社によってほぼ独占され、自主上映は可能であったが例外的であり、通常、少数の観客しか集めることができず、長期的かつ大規模に存続することはできなかった。テレビの場合は法律と免許によって番組の放送は放送局（テレビ局）に独占されていた。稀に視聴者が制作した番組を放送する試みがあったり、視聴者が撮影した映像を紹介するコーナーがあったりしたが、いずれも特殊な事象にすぎなかった。

　ところが、インターネット配信では、双方向性を持つがゆえに、誰でもが情報の発信者になり得る。映像コンテンツをサイトにアップロードすれば、それはすなわち上映あるいは放送と同じことになり、不特定多数の人が視聴できる。かつてあった上映あるいは放送における送り手と受け手の区別は事実上消滅したといってよい。

　インターネット発信においては、誰でもが制作者であり発信者になり得る。そして、他者のコンテンツを視聴する時は、視聴者になる。スマートフォンなどの携帯端末で映像コンテンツをやりとりする場合などには、ある瞬間には制作者であった者が次の瞬間には視聴者になっている。制作者としての立場と視聴者の立場がめまぐるしく入れ替わる。両者は見分けがつかなくなり、溶融する。

　このように、デジタル化とインターネット配信は、（1）パッケージの束縛からの解放、（2）受け手への編集権の移行、（3）制作者と視聴者の溶融という三つの現象を生じさせている。これらの現象はいずれも映画およびテレビの時代には考えられなかったことであり、まさに映像メディアの革命と呼ぶべき事態が進行しているといえる。

　アメリカの思想家マーシャル・マクルーハンは、1964年に刊行した著書『メディア論　人間の拡張の諸相』Understanding Media The Extension of Man において、テレビは「一九五〇年代のアメリカにおいて、（中略）革命

的メディアとして機能した」[24]と評した。現在すなわち2010年代には、世界的規模で新たな革命的メディアが機能しつつあるといえる。この革命は、映像コンテンツの利活用をこれまでよりも飛躍的に増大させ、かつては存在しえなかったさまざまな新しいサービスを生み出しているからである。

## 1-4 映像コンテンツの利活用とリテラシーの必要性

### 新たなサービスの登場

　2005年に動画投稿サイト（動画共有サイトともいう）であるYouTubeがアメリカで、Dailymotionがフランスでサービスを開始したのと前後して、世界各国で映画やテレビ番組を配信する動画配信の事業が始まった。それから、10年ほどの間に、動画配信の形態も保管庫のパッケージの中に眠っていたコンテンツを配信する、いわゆる「アーカイブ」型だけではなく、放送されたばかりの番組を直ちに配信する「キャッチアップ」型やインターネット上でイベントを同時進行で配信する「ライブ」型も現れている。また、放送よりも先に配信する「先行配信」やインターネット上での配信を主目的とする「オリジナル」コンテンツの制作など、新しいサービスが陸続と登場している。

　前項で述べたインターネット革命の特質、すなわち、いつでも、どこでも、どれでも、どの順番でも、そして、どの部分からでも映像コンテンツを視聴できるということは、映像コンテンツが書物に近い性格を持つようになったということでもある。書物はその携帯性と相まって、いつでも好きな時に好きな場所で、どの本でも、どのページからでも読むことが可能である。映像コンテンツもデジタル化とインターネット配信、そして、スマートフォンなどモバイル視聴を可能とする携帯端末を利用すれば、上記の条件を満たした視聴をすることができる。

　そして、書物もデジタル化され、インターネット上のライブラリーに置かれるようになれば、映像コンテンツと書物を横断した検索や利用、あるいは、両者を組み合わせた新たなコンテンツやサービスも出現すると考えられる。

実際に、アメリカの World Digital Library、EU 諸国による Europeana、そして日本の「国立国会図書館東日本大震災アーカイブ　ひなぎく」など、さまざまなデジタルアーカイブを連携させて、映像コンテンツや文書資料を縦横に閲覧できるポータルサイトも構築されている。

## 映像に関する知識と理解はなぜ必要か

　映像コンテンツを活用したインターネット上のサービスは、今後ますます盛んになると想定されるが、そうしたサービスを開発したり、運営したり、利用したりする際には、映像メディアに対するさまざまな知識と的確な理解が必要になる。

　第2節で述べたように、映像メディアの転換においては、「断絶」すなわち「前のメディアが発展して次のメディアとなるわけではない」という経験則と、「包含」すなわち「前のメディアのコンテンツは次のメディアのコンテンツになる」という経験則があった。この二つの経験則は、インターネットにおける映像配信サービスでは、映画やテレビに関する知識も必要になることを示している。3者は断絶しているため、映画の知識がテレビに通用するとは限らず、一つだけを知っていても他を知ることにはならないからである。

　また、映像メディアの転換における第3の経験則「膨張」によれば「前のメディアがもともと持っていたコンテンツに加え、前のメディアには無かった新しい形態のコンテンツが生まれ、コンテンツの種類と数量が膨張」する。映像コンテンツの種類と数量は今後も増え続けると考えられることから、その活用のためには、映像コンテンツを整理し、知識資源として組織化する作業が必要になる。そこでは、映像コンテンツの識別と同定がおこなわれることになるが、その際、映画、テレビ、インターネット配信といったそれぞれの映像メディアの特性や映像コンテンツの構成、文法、類型についての知識と理解が求められる。

　次章以降では、コンテンツ利活用の観点から、まず、映像コンテンツの文法、構成、類型についてその要点を3章に渡って述べ、次いで、映画、テレ

ビ、インターネット配信、それぞれのメディアとしての特性について3章に渡って論じる。そして、その次に、現状分析として、映像アーカイブおよび映像配信サービスについて解説する。

# 第2章 映像コンテンツの文法

## 2-1 動く映像の原理

### 映画の誕生

　本書では映像とは動く映像のことと規定した。しかし、動く映像は、実は動かない映像すなわち静止画の連続によってつくられている。

　最初の映像メディアとしての動く映像すなわち映画の誕生は、1895年12月28日、フランスのリュミエール兄弟によるスクリーンへの有料での上映の時とされている。この時のことは、映画の「発明」ではなく「誕生」と称せられることが多いが、それは、映画が先行するさまざまな技術の組み合わせであり、一種の改良の産物だったからである。

　サドゥールの『世界映画全史』には、この時のことが次のように記されている。

> 　動く写真が誕生するためには、二十人ほどの発明者が必要であった。ルイ・リュミエールは、彼らの発見を採用し、それらを組み合わせ、またそれらを発展させることにより、優れたメカニズムを備え、工業的に製作された（中略）装置を創り上げたのである。[25]
>
> （中略）
>
> 　一八九五年十二月二十八日という日付けは、発明家の時代が幕を閉じたことを告げている。実験室での研究段階が終わり、映画の時代が始まったのである。[26]

　映画はさまざまな技術や発明の組み合わせによるものだったが、その主要なものは、写真技術の発展、動く絵の装置、そして、レンズを用いた映写の

仕組みである。

　写真が実用化されたのは、19世紀の前半、フランスのニエプスやダゲールによってといわれている。これは、カメラオブスクラと呼ばれる暗箱の中で光を他の物質に定着させ、自然の光景を記録するという方法によっている。カメラオブスクラのカメラとは部屋、オブスクラとは暗いという意味で、中世からヨーロッパでは外の風景を映し出す装置として使われていた。その原理は、壁に空いた穴から暗い部屋の中に入ってきた光を壁に当てて外の光景を映し出すというものである。現在でも写真機のことをカメラと呼ぶのはこのことに起因している。

　写真が記録した映像は、外の光景の影（写像）である。その写像は、壁に開けられた小さな穴から見える範囲（正確にはその穴を通ってくる光が映し出す範囲）のものでしかない。しかも、本来は円形のその範囲を、さらにフレームという枠で四角く切り取って定着させている。写真によって記録される映像は、空間を切り出すことによって得られる現実の一部分でしかない。このことは、映像コンテンツの本質に関わる重要なことである。

　写真は光を紙や石版やフィルムなどに感光させ定着させたものであるために、動いては見えない。すなわち静止画である。この状態から動く映像にするためには紆余曲折があった。写真技術の発展は、静止している映像を動かすのではなく、むしろ逆に、動いている物を止める方向に進んだのである。止めるとは、すなわち、動きを分解する連続写真である。

## 連続写真の発達

　19世紀後半、写真にさまざまな技術的改良がおこなわれていた頃、アメリカで馬が走る時に4本の脚が同時に地面を離れる瞬間があるかどうかについて賭けがおこなわれた。人間の肉眼では、馬の走る速さについていけず、脚が4本とも宙に浮く瞬間があるかどうか判別できないため、当時このことは議論となっていたのである。写真家のマイブリッジは、依頼を受けて馬の動きを写真に撮り、この議論に決着を付けたが、この過程で、複数台のカメラを一直線に等間隔で並べて撮影することにより、馬が走る時の動きを連続

して記録することに成功した。

　また、生理学の学者だったマレイは、鳥の動きを研究するために、写真銃と呼ばれるカメラを考案した。1秒間に12枚の写真を撮影することができるこの装置によって、飛んでいる鳥の姿を分析することが可能になった。

　これらの連続撮影を可能にした装置が後の映画につながるわけだが、いずれも、当初から映像を動かそうとしたのではなく、動きを分解して科学的に解明しようとしたところに発想の源がある。

　やがて、セルロイドを用いたフィルムが開発され、その一部分に穴を開けて1コマずつ送る仕組みが考案され、連続写真の撮影技術は大きく進歩した。

　そして、この連続分解写真に、絵を連続的に動かして見せるために考案されていたゾートロープやプラクシノスコープという装置の仕組みを組み合わせたものが、映画だといえるのである。

　とはいっても、静止画の連続を動かして見せることは簡単ではなかった。画像を1枚ずつ一定時間静止させて動かすという間歇的な動きをさせることが必要だったからである。このフィルムをかき落として1枚ずつ映写する装置を最終的に完成させたのが、リュミエール兄弟であり、レンズを用いた投影の仕組みと合わせて、有料で観客の前でスクリーンに上映した。それが映画の誕生となったわけである。

## 空間の切片と時間の断片

　映画の元が分解写真であって、静止画の連続であるということは、現実には切れ目なく流れている時間の一部分しか切り取っていないということを意味する。現在の映画であれば1秒に24コマ（初期の映画であれば16コマ）の静止画を連続して再生することによって、動く映像が出来上がっている。ということは、撮影中断続的に撮影機（カメラ）のシャッターが閉じているわけである。したがって、シャッターが閉じている間に起きていることは、厳密にいえば記録されていないことになる。いうなれば、動く映像は、現実の時間の断片を寄せ集めたものなのである。

　先に「写真によって記録される映像が、空間を切り出すことによって得ら

れる現実の一部分でしかないことは、映像メディアの本質に関わる重要なこと」であると述べた。それと同様、動く映像の元が分解写真であり、時間の断片の集合体であることも、映像メディアの本質に関わる重要なことである。

動く映像、すなわち映像メディアの原理は、空間の切片であり時間の断片でもある静止画の連続なのだが、この原理は、映画のみならず、テレビでもインターネット配信でも、同様である。言い換えれば、映像メディアとしての映画、テレビ、インターネット配信は、その伝送の仕方が異なるだけで、それぞれのメディアが伝送する映像コンテンツの原理は同一であるといえる。

動く映像が、空間の切片であり時間の断片でもある静止画の集合体であるということが、なぜ重要なのか。

それは、このことが、映像コンテンツが持つさまざまな特性を造り出し、映像コンテンツにおける「文」と「文法」を産み出す源となっているからである。

## 2-2 映像コンテンツにおける「文」と「文法」

### 映像コンテンツの単位

映像コンテンツの単位としてショットが用いられることが多い。

フランスの哲学者ジル・ドゥルーズは、1983年に刊行した著書『シネマ1 運動イメージ』(日本語訳は2008年) において、「ショット、それは運動イメージである。ショットは、変化するひとつの全体に運動を連関させるかぎりにおいて、ひとつの持続の動く切断面である」[27]と記している。

2012年に刊行された『現代映画用語事典』では、「ショット」は「カメラが回り始めてから止まるまで撮影した連続する一連の画像のこと。連続するフィルムのコマが〈ショット〉を構成し、長さの長短に関係なく単一断片として切られていないものを指す」[28]と定義されている。この定義では、ショットは映像コンテンツの撮影時に関連する概念ということになる。なお、同書では日本では「ショット」と混用されることもある「カット」について、「撮影された映像を編集で必要な長さに切ることも一般的にカットと呼んで

いるが、厳密には〈カッティング〉がこれに相当」[29]と記している。

## 🎞 ショットの三つの側面

アメリカの研究者デイヴィッド・ボードウェルとクリスティン・トンプソンは、ショットに関して「作り手は、何を撮影するかだけでなく、どう撮影するかといった、いわゆる撮影の質的側面をも調整している」[30]とした上で、その質的側面を次の三つに分けている。

（1）ショットの写真的側面
（2）ショットのフレーミング
（3）ショットの持続時間

ショットの写真的側面には、動く映像がもともと静止画すなわち写真によって成り立っていることが如実に反映されている。すなわち、写真が持つ特性である、色調、露光、遠近関係などである。このうち、遠近関係には、レンズの焦点距離に関する違い、すなわち、焦点距離の短い広角レンズ（遠近感が強調される特性がある）を用いるか、逆に焦点距離の長い望遠レンズ（遠近感が圧縮される特性がある）を用いるかといった違いが関わる。広角レンズでは被写界深度が深くなり画面の手前から奥までピントが合う範囲が広くなる。一方、望遠レンズでは被写界深度が浅くなりピントが合う範囲が狭くなる。

ショットのフレーミングもまた、映像が空間の切片であることを如実に表す。フレーミングは、被写体を切り取る枠（フレーム）に関わるもので、フレームの大きさと形、オフスクリーン空間（フレームの外にあるもの）、フレーミングのアングル・水平さ・高さ・距離、フレームの動きなどが要素として含まれる。

このうち、フレーミングのアングルは、通常、水平アングル、ハイ・アングル（上から見下ろすショット、日本語では俯瞰と呼ばれることが多い）、ロー・アングル（下から見上げるショット、日本語ではアオリと呼ばれることが多い）の三つに大別される。

フレーミングの距離は、ロング（遠くから全体を見渡すショット）、アッ

プ（近くによって細部を見せるショット、特に近づいて大写しにする場合は、クローズ・アップとも呼ばれる）に大別される他、特に人物が被写体となる場合には、フル・ショット（全身）、ニー・ショット（膝から上）、ウエスト・ショット（腰から上）、バストショット（胸から上）などと分別されることがある。

　なお、こうしたフレーミングには、たとえば、「画面を斜めに傾けたショットは世界が傾いていることを意味している」というような一対一対応の「絶対的な意味や一般的な意味はない」[31]ことに留意することが重要である。

　フレームの動きには、パン（カメラを垂直線を軸に水平方向に回転させて撮影すること）、ティルト（カメラを水平線を軸に垂直方向に回転させて撮影すること）、ドリー（カメラごと前進したり後退したりして撮影すること、トラッキングとも呼ばれる）などの種類がある。

　ショットの持続時間は、映像コンテンツが動く映像として時間性を持つことを反映した側面で、ひとつのショットが続く長さが要素である。

　これらの要素がさまざまに組み合わさって、撮影がおこなわれ、ショットにおける多彩な表現が可能になる。したがって、映像コンテンツを言語にたとえた場合、ショットは「文」にあたるといわれることもある。

## 映画（映像）と言語

　かつては、映画を言語と同じようなものとみなして、言語の文法のような規則をつくろうとすることも試みられた[32]。しかし、現在では映画は言語とは性質が異なるものと考えられている。フランスの映画学者クリスチャン・メッツは、「映画は言語ではなく、芸術的な言語活動である」[33]と述べた。映画（映像）が言語とは異なるものであるとしても、撮影や編集には不文律や技法（表現のためのテクニック）が存在する。一般には、広義の意味でそれらも映像の文法と呼ばれることが多い。

　それらの不文律あるいは技法のうち、特に理解しておくべき重要なものを二つあげる。一つは、撮影時における想定線の法則であり、もう一つは編集時におけるモンタージュである。いずれも空間の切片であり時間の断片でし

かない静止画の固まり（ショット）を、複数つなげることによって生じる、映像コンテンツならではの特性に基づくものである。

## 2-3 想定線の法則

### 二人の人物が対話する時に起こる現象

　想定線とは何かを述べるに際して、以下に具体的な例を挙げる。

　動画を撮影できるカメラを持って外国の町を散策していた時、二人の人物が古めかしい衣装を着て議論をしている場面に出会った。どうやら歴史的な場面を再現するショーのようなものらしい。議論の中身はともかく二人の様子が面白かったので、許可を得て、二人を撮影することにした。一つの画面に同時に二人を収めるには、少し離れたところから撮影しなくてはならないが、場所は街中の狭い街路で、見物人も多く身動きがとれない。そこで、まず、図7の位置①から人物Aを撮影した。

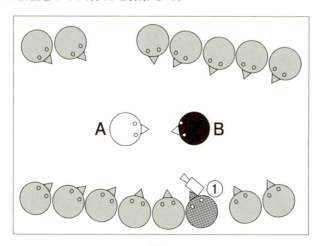

図7

　Aが何事かをBに向かって話している場面が撮影できたので、今度は議論の相手であるBを撮影しようとした。ところが、雑踏の中にいるため、今いる①の位置からは他の見物人が邪魔になって人物Bを撮影できない。

見回すと、道の反対側になんとか場所があり、そこからなら他の見物人の陰になることなく人物Bを撮影できそうだ。そこで、図8のように①から②に場所を移動して、Bを撮影した。そして、首尾よくBがAに向かって話している場面が撮影できた。

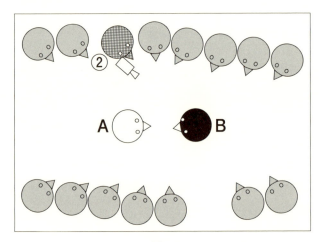

図8

さて、問題はここからである。この二つのショットをつなげた時、二人の人物が議論をしているようすがきちんと再現できるだろうか。

本章第1節で、動く映像（動画）とは実は静止画の連続であると述べた。静止画の連続であるので、動く映像は便宜的に静止画に置き換えて並べることによって時間経過にともなうつながり具合を把握することができる。

動く映像の節目となる光景を静止画に置き換えて並べたものを日本では絵コンテと呼んでいる。なお、コンテという語はコンテニュイティすなわち連続という語の略である。

上述した外国の街角での二人の人物ABの議論を撮影した結果を絵コンテに書き起こすと図9のようになる。なお、実際に制作現場で使われる絵コンテには、内容とセリフや尺と呼ばれるショットの長さが具体的に記入されるが、ここでは省略している。

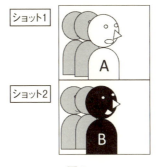

図9

　ショット1ではAが誰かに向かって話しかけている。ショット2ではBが誰かに向かって話しかけている。しかし、二人が議論（対話）しているようにはみえない。AとBは二人とも同じ方向を向いて、どこかあらぬ方の画面内には見えないものに向かって話しかけている。実際には二人は対面して議論をしているのに、そのようにはみえないのである。

### 想定線の存在

　どうしてこのようなことが生じるのだろうか。

　それは、ショット2を撮影する際にカメラが「想定線」と呼ばれる線を越えたからである。

　では、想定線とは何か。想定線とは、図10のように、撮影される二つの被写体（上記の場合は人物AとB）を結んだ架空の直線（図では点線で表記）のことである。

　二つの被写体を撮影する場合、前のショットと次のショットでカメラがこの線を越えてしまうと、それぞれのショット内での方向が逆転してしまう。

　このことは一つ一つのショットを撮影している時には気づきにくい。しかし、後で二つのショットをつなげた時に問題が露呈される。

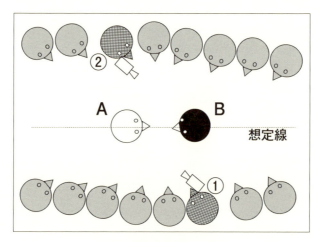

図10　想定線を越えた場合

　仮に上記の例において、想定線を越えずに、すなわち②ではなく、図11のように②'の位置から人物Bを撮影したらどうだったろうか。

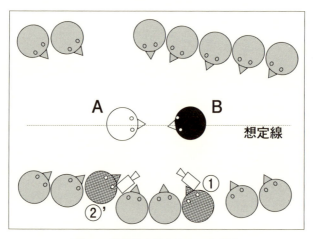

図11　想定線を越えなかった場合

　ショット1と新たなショット2'をつなげると図12のようになる。今度は、二人は現実と同様、向き合って対話（議論）をしているようにみえる。

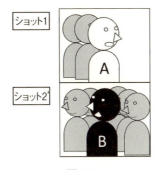

図12

### 「裏に入る」

　画面内に映る人物が一人ずつではなく、二人同時の場合でもやはり問題が生じる。今度は、図13のように③の位置に二人を同時に一つの画面内に収めて撮影することができる位置を確保できた。

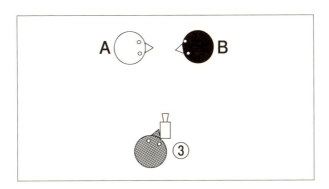

図13　ショット3の撮影位置

　③の位置からショット3を撮影した後、何か変化をつけたいと思い、図14のように道の反対側にある④の位置から次のショットを撮影することにした。そして、ショット4を撮影した。今度も首尾よく二人を同時に画面内に収めることができた。

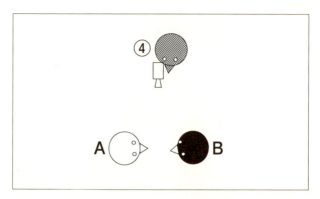

**図14　ショット4の撮影位置**

　この二つのショット3と4をつなげれば、二人の人物が議論をしているようすがきちんと再現できるだろうか。

　結果は図15の絵コンテに示したとおりである。

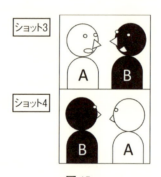

**図15**

　二人の人物は対話しているようにはみえるものの、それぞれの位置はショット3と4で入れ替わってしまっている。図16に示すようにカメラの位置が③から④へ移動する時に想定線を越えたからである。このように想定線をはさんで正反対の位置にカメラを置くことを「裏に入る」と称する場合がある。

　複数のカメラを同時に用いて撮影する場合には、図16のように想定線を越えて「裏に入る」位置にカメラを置くと、互いのカメラが写りこんでしま

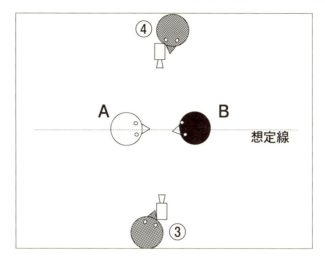

図16　ショット3と4の俯瞰図

うという現象も生じる。

### 動く被写体の場合

　もう一つ具体的な例を挙げる。先程の人物二人はそれぞれの位置を動かない被写体だったが、今度は、被写体が動く場合である。

　先程の例と同じく動画を撮影できるカメラを持って外国の町を散策していた時、祭りがおこなわれているところに出会った。その祭りでは、花で飾った山車のようなものを教会から城壁の門まで引っ張って歩く。そのようすを記録しておきたいと思い、山車を追いかけながら撮影することにした。まず教会から出てきた山車を図17の⑤の地点で撮影した。今度も街路が狭いので、あまり離れたところからは撮影できないが、山車に近寄ることはできたので、ちょうど画面の中を山車が横切っていく様子を撮影することができた（ショット5）。

　次に門のほうへ移動している山車を撮影しようと思い、図18の⑥の地点へ先回りして山車を待ち構えることにしたが、街路が狭く見物人が多いため、⑥の地点は既に他の見物人が一杯で入りこむ余地がない。見回すと街路の反

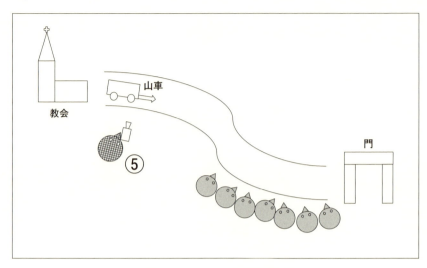

図17　ショット5の撮影位置

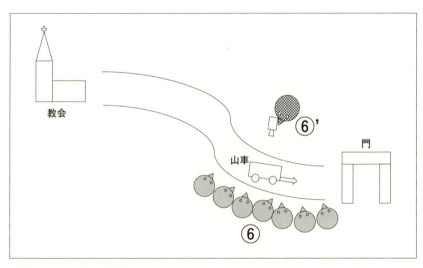

図18　ショット6'の撮影位置

対側には見物人が少なく空隙が見つかったので、⑥'の地点から山車を撮影した（ショット6'）。

さて、この場合、この二つのショットをつなげると、山車が移動していく様子は図19のコンテのように見えることになる。

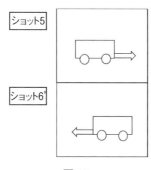

**図19**

ショット5では山車はある方向（現実では教会から城門に向かう方向）に移動している。ところが、次のショット6'ではショット5とは逆方向に移動しているようにみえる。二つのショットを連続してつなげると山車は急に逆方向に向かい、来た道を戻り出すようにみえる。現実には、ショット5、ショット6'共に山車は同じ方向（教会から城門に向かう方向）に動いているにも関わらずである。

この場合のように、想定線は動くものを撮影する際には、そのものの動く方向に沿って生じる。そして、この想定線を越えてしまうと、方向や動きがつながらない――より正確にいえば現実の方向や動きとは異なって見える、ということが起きる。これが、想定線の法則である。想定線の法則は180度の法則と呼ばれる[34]こともある。

### 「芝居を返す」

想定線を越えない場合でも、二つのショットをつなげた時に被写体の動きがつながらないことは生じうる。たとえば動いている被写体を撮影している時に、ある角度からショットXを撮影し、別の角度からショットYを撮影

するとしよう。ショットXとショットYの間で一旦撮影を止めてカメラ位置を変えるとすると、撮影をしていない間に被写体は移動して先へ進んでいる。この二つのショットをそのままつなぐと被写体の位置が急に変わって前に瞬間移動したかのように見えてしまう。

こうした動きは現実には起こり得ないことであり、こうした映像を見た観客や視聴者は、そこに映し出されているものは現実だと思って見ているだけに激しい違和感を抱く。映像が持っている写実性が欠落するために、そこに映し出されているのは虚像であることが暴き出されてしまうのである。特に劇映画など元々が虚構であるものは、それが虚構であることをさらけ出し、本来醸しだされるべき現実感が消失してしまう。

こういう場合、劇映画やドラマの撮影現場では、通常は動きをつなげるために「芝居を返す」ということをする。芝居を返すとは同じ動きを繰り返すということで、ショットXで撮影を止めた時にいた位置に被写体に戻ってもらって、(場合によっては糊代を得るために、少し前まで戻ってもらって)ショットYを撮影する時にもう一度同じ動きを繰り返してもらう。こうすれば、編集の時にショットXとショットYをつなげても同じ位置で動きを合わせることができる。

ところで、なぜ、映像コンテンツにおいてショットをつなげた場合、方向が突然逆になったり、位置が瞬間に変わったりすることがおこるのだろうか。それは空間の切片であり時間の断片の集積であるショットを、つなげようとするところから生じるといえる。現実の空間はつながり、時間も連続しているが、映像コンテンツは、空間の切片と時間の断片を断続的に連結したものであることから生じる齟齬なのである。

### 🎞 エスタブリッシング・ショットの働き

このこと、すなわち、映像コンテンツに記録された空間と時間が非連続であって現実とは異なるものであることは、空間の切片と時間の断片のつながりを現実と同様に見せようとする時に、独特な工夫を要求することになる。

たとえば、ショットとショットをつなぐ時に、方向の一致、目線の一致、

位置の一致が必要であるといわれる。方向の一致とは動きの方向を揃えることである。目線の一致とは、人物が見ている方向を揃えることである。位置の一致とは、連続する複数のショットにおける人物の位置を揃えることである。

　こうした法則を遵守するといっても撮影の現場では困難なことが往々にして生じる。たとえば、群衆の中を右に左に曲がりながら進む荷車の上で三人以上の人々が車上で会話しつつ、群衆とも言葉を交わすというようなシーンを、細かくショットを割って撮影するような場合には、被写体をどれにするかによって想定線が異なり、うまくつながらなくなる恐れがある。そこで、エスタブリッシングショットと呼ばれる（場合によってはマスターショットとも呼ばれる）全景を映したショットを撮影しておくことがおこなわれる。このショットがあれば、被写体の位置関係がはっきりする。エスタブリッシングショットはシーンの冒頭に置かれることが多いが、方向に混乱が生じそうになった時には、シーンの途中で一旦、エスタブリッシングショットを挟むことで位置関係を示し直せばよいということにもなる。

　劇映画の撮影現場では、多くのショットからなる複雑な動きのシーンの場合、まず、最初から最後まで1回芝居をして、それをすべて収めるエスタブリッシングショットを撮影し、ついでもう1回同じ芝居を繰り返し、その都度芝居を途中で止めながら、細かいショットを撮影する、といった撮り方をすることがある。

　こうした措置は本来劇映画などフィクションにおけるものであることに注意しておく必要がある。ニュースの場合は、もちろん、もう一度動きを返すことはできないわけだから、想定線が乱れる可能性は常にあるが、そもそも事実そのもの（という前提）なのだから、あえて現実らしく見せる必要は本来無いはずなのである。

　逆にいえば、本来、なめらかに動きがつなげられるように編集できない、あるいは方向を揃えることができないような撮り方しかできないはずの場面で、なめらかに動きがつなげられていたり方向が揃っていたりする場合は、そこになんらかの作為あるいは演出がからんでいると考える余地が生まれる。

### ▶ 隠し撮りとミザンセーヌ（演出）

たとえば、A、B二人の人物の会話を隠し撮りしているという前提のテレビ番組があったとする。

番組を見るとまず二人の人物が共に見える全景が映し出された。レンズの端にぼやけた布のようなものが見えることから、どうやらカーテンの陰にカメラを隠し、わずかな隙間から撮影しているらしい。次に、人物Aがアップで映し出された。先程の全景が映った時に、人物Bの後ろ半身が衝立の陰になっていたので、その衝立の後ろにカメラを置き、これも隙間から撮影しているようである。次に人物Bがアップで映し出された。全景の二人に続いて一人ずつのアップが想定線の法則を守ってきちんと映し出されている。何も問題はないようにみえるが、よく考えると3番目のショットすなわちBを映したショットはどこから撮影しているのかという疑問が生じる。なぜなら、全景が映された時にAの側にはカメラを隠せるようなものは何も存在していなかったからである。この位置関係を図示すると図20のようになる。

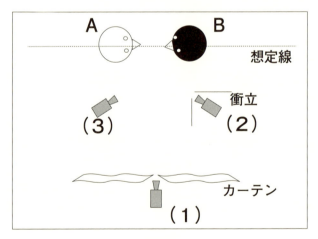

図 20

図の状態で、カメラの存在をBに気づかれずにBのアップを撮ることは不可能と思われる。すると、この撮影は本当に隠し撮りなのだろうか、という疑問が生じる。少なくともBは撮影されていることを知っていて芝居を

演じているのではないかと疑われるのである。

　上記の例は、作為がないという前提である映像コンテンツにおいて作為が疑われる例だが、劇映画やドラマなど作為があることが前提であるコンテンツの場合には、こうした演出がおこなわれるのは当然のことである。

　広い意味の演出のことを映像メディアでは、フランス語でミザンセーヌということが多い。ミザンセーヌを直訳すれば、「場面の中に置く」という意味である。

　ミザンセーヌは、広義には小道具や舞台装置、役者の芝居づけ（動きの注文）などを含むが、狭義には字義通り、背景（美術装置）への主たる被写体（俳優）の配置である。どこに配置するかが重要になるのも、現実の時間上は連続していない空間の切片を並べるという映像コンテンツ特有の性質に起因しているのである。

　以上、映像コンテンツでは、空間の切片であり時間の断片である静止画の連続としてショットを並べていくことから、現実感を維持するためには、想定線の法則の遵守や空間的な操作が必要になる場合があることを述べた。一方、映像コンテンツが空間の切片であり時間の断片である静止画を元にしたショットの集積であることを逆に利用して映像に意味を付与する場合がある。それが、編集による空間と時間の操作である。

## 2-4 モンタージュの理論

### 時間の流れのコントロール

　映像コンテンツにおいて、実際に撮影した順番とは異なる順番で編集することはよくおこなわれている。撮影側の都合で最後に撮影したショット（たとえば現場の全景を高いところから俯瞰して撮影したショット）を、編集では最初に現場を紹介するショットとしてつなぐという場合などがそれにあたる。このように、編集では最初に置くショットを現場では最後に撮影する、あるいは、途中に挟みこむ映像（インサートショットと呼ばれる）を最後にまとめて撮影する、といったことは、劇映画やドラマのみならず、ドキュメ

ンタリーにおいても往々にしておこなわれている。映像コンテンツにおいては、必ずしも時間経過の順に撮影しなくても、つなぎ方次第で時間経過を見せることができるのである。ボードウェルとトンプソンは「ショットはどんな順序でも並べることができ、(中略)作り手は時間の流れを編集によってコントロールできる」[35]と述べている。

### ▶ モンタージュによる意味の付与

こうした単純な時間操作だけでなく、映像コンテンツにおいては、編集によって映像に新たな意味を付与することができる。そうした編集は、通常、モンタージュと呼ばれる。

フランスの映画批評家アンドレ・バザンは、その著書『映画とは何か』において、「映像」を「表象される事物に対しスクリーン上の表象によって付け加えることのできる一切のもの」とした上で、二つの事柄に集約した。一つは、「映像の持つ造形性」、もう一つは「モンタージュのさまざまな方法」である。「造形性のうちには、舞台装置の様式、メイキャップの仕方や、ある程度までは演技のスタイルも含まれ、そこにもちろん照明が加わり、そしてフレーミングが構図の仕上げをする」[36]と述べていることから、「映像が持つ造形性」とは広義のミザンセーヌのことであると考えられる。

では、モンタージュとは何か。

ロシアの映画監督レフ・クレショフは、俳優の顔のアップとスープ皿や棺桶の中の遺体などのショットを交互につないだ時、俳優の表情が空腹を感じているようにみえたり、悲しげにみえたりするという実験をおこなったと伝えられる[37]。クレショフは、その著書『映画監督論』において「モンタージュに依つて現実的材料を、芸術家の意志、その構想に依つて可成りの程度に改変し、組織することが出来る」[38]と記しているが、同書には、次のような例が挙げられている[39]。モスクワ市内の並木道にいる人物が正面を向いて何かを指さすショットの次に、別の場所にある建物(ワシントンのホワイトハウス)の全景をつなぎ、次にホワイトハウスの階段によく似た別の建物の階段を登っていく人物の足をアップでつなぐと、あるどこかの都会の並木

道の中ほどに、ホワイトハウスがあるという印象を受ける。すなわち、モンタージュによって、互いに全然関係のない部分を取り上げて、一つところのように結びつけ、実際には存在していない一つの都会の印象を創りだすことができるというのである。

　モンタージュとは元々フランス語で結合あるいは組み立てという意味の語であるが、映像メディアにおいては、クレショフが記すように、ある映像が他の映像と組み合わされることによって、違う意味をもって見える場合があるということを指す。バザンは、「モンタージュ」とは、「個々の映像に客観的には含まれていない意味を創造することであり、その意味とは映像と映像の関係だけから生じる」[40]ものであると述べている。

　このモンタージュを独自の理論に発展させたのが、ロシア（当時はソビエト連邦）の映画監督セルゲイ・エイゼンシュテインである。エイゼンシュテインは、ショットとショットを組み合わせることによって、抽象的な概念までも表現できると主張した。エイゼンシュテインは、漢字もモンタージュによって作られているという。たとえば、「口」という字と「犬」という字を組み合わせることによって「吠」という字が作られ、「吠える」という概念を表すようになる[41]。

　エイゼンシュテインは自身が監督した映画でこの理論を実践する編集をおこなっているが、その例としてしばしば挙げられるのが、『戦艦ポチョムキン』という作品の次のような場面である。オデッサの町で民衆が軍隊に虐殺されるという事件が起きたあと、反乱を起こした戦艦ポチョムキンが軍隊の拠点である市庁舎を砲撃するシーンがある。この砲撃のショットの前後に、ライオンの石像のショットが付け加えられている。このショットを見た人はライオンが怒りを象徴する存在であることから軍隊に対する反乱の意義を感じるというのである。

### 編集によるニュアンスの生成

　モンタージュにはさまざま方法がありうるが、その本質は「暗喩や連想によって観念を暗示」[42]することにあるといえるだろう。

以下に、ショットのつなぎ方次第で、映像コンテンツに繊細なニュアンスを与えることができる例を挙げる。

1996年に公開されたアメリカ映画『イングリッシュ・ペイシェント』の中で、主人公の男性が後々恋に落ちる女性とその夫と初めて出会う場面がある。主人公と夫婦の会話が一区切りつき、このまま次の場面に移ってもよいところで、この映画では、最後に夫婦が無言のまま顔を背けあうショットが付け足されている。映画研究者のトマス・エルセサーは、このショットは主人公と夫婦の将来を暗示するものだと述べているが、このショットが付け足されることによって、さまざまな解釈の余地が生まれている[43]ことは確かである。

こうした「編集」が可能になるのは、映像コンテンツが空間と時間を操作して組み立てられることに起因する。そして、こうした時間に関する問題がより俯瞰的に現れるのは、映像コンテンツの構成においてである。

次章では映像コンテンツの構成について述べる。

---
**さらに知識を広げ理解を深めるために——参考図書**

ダニエル・アリホン『映画の文法 実作品にみる撮影と編集の技法』(紀伊国屋書店, 1980) は、豊富な図解によって、撮影の現場で必要とされる映画の文法を詳細に解説したものである。数多くの具体例に接することで映像コンテンツにおける空間と時間の特性についての理解を深めることができる。劇映画を対象としているが、ここに書かれたことを知識として備えておくだけで、ドキュメンタリーやニュースを含むあらゆる映像コンテンツの理解に役立つだろう。

# 映像コンテンツの構成

## 3-1 映像コンテンツにおけるストーリーとプロット

### シーンとシークエンス

　第2章では、映像コンテンツの最小単位であるショットについて詳しく述べたが、ショットがあるひとつの撮影場所を基準としてまとめられて一塊となったものをシーンと呼び、さらにそのシーンがある一つの時間経過を基準としてまとめられて一塊となったものをシークエンスと呼ぶ。ただし、シーンは必ずしも複数のショットを必要とするものではなく、シークエンスもまた必ずしも複数のシーンを必要とはしない。1ショットで1シーンあるいは1シークエンスとなる場合もある。

　シーンについてアメリカの脚本家シド・フィールドは現場での実践の立場から次のように定義している。

> 「場所」もしくは「時間」が変わると、新しいシーンとなる。
> なぜか？これらの要素が変わるたびに、そのシーンに合うように照明を変えなければならないし、ほとんどの場合、カメラの位置も変更されるからである。カメラの位置が変わるということは、照明、ドリー、機材、その他のものの置き場所の変更を意味するのだ。[44]

また、シークエンスについては次のように定義している。

> シークエンスとは、一つの共通な目的に向かってゆく、"発端""中盤""結末"という明確な形を持ったシーンの集合体である。[45]

映像コンテンツはシーンとシークエンスを並べることによって時間的に構成され、プロットを形作る。

### ▶ プロットと物語世界

プロットはストーリーと同義に用いられることもあるが、映像コンテンツに関する研究では区別して用いられもする。この区別は、1910年代半ばから1930年代頃にかけて展開されたロシア・フォルマリズムという理論でのファーブラとシュジェートの区別に起因する。ファーブラとは、ストーリーとも訳されているもので、「芸術的に構成される前の、物語の素材や基本的アウトライン」[46]であり「物語のさまざまな手掛かりや証拠から観客や読者が作り上げたり引き出したりする想像的な構築物」[47]でもある。いうなれば、映画など映像コンテンツとして映像化される前の段階の原型としての物語であり、映像化されて目に見えるものとならない部分も含んでいるのがファーブラ（ストーリー）である。一方、シュジェートとは、プロットと訳されることが多いもので、「因果的・時間経過的な出来事の順序を芸術的に構成した、ないしは『デフォルメ』したもの」[48]であり、原型となる物語に「空白を作り出したり、情報の流れを遅らせたり、さまざまな視点から繰り返し同じ情報を何度も流したり」[49]するものでもある。いうなれば、ストーリーの順序を入れ換えたり、一部を隠したり、逆に何度も繰り返したりといった工夫を加えた上で、映像化して目に見えるものとしたのがシュジェート（プロット）であるといえるだろう。

なお、ストーリーとプロットの区別以外に、映画にはすべて現れてはいないが、そこで描かれる物語を取り巻く世界をディエゲーシス（物語世界。説話世界とも訳される。本来はギリシャ語のミメーシス＝模倣に対するディエゲーシス＝叙述の意だった）と呼ぶことがある。たとえていえば、中世日本の戦国時代がディエゲーシス、織田信長の生涯がストーリー、その生涯を、たとえば、本能寺の変から始めて主に濃姫との関係に焦点を当て、場合により空想によるエピソードも交えて構成するのがプロットということになる。

日本での映像コンテンツ制作現場での語感では、ストーリーが「物語」、

プロットが「構成」に近いものとして言い習わされているといえる。したがって、映像コンテンツの「構成」とは、プロットのことと言い換えることもできるだろう。

プロットを分析するに際しては、さまざまな方法がありうる[50]が、その一つに3幕構成の概念を用いるものがある。3幕構成とは、物語は開始部、中間部、終端部の3幕を持つというものである。

## ハリウッド映画の「型」

この3幕構成をハリウッド映画（劇映画）にあてはめて脚本執筆に用いうる理論としたのが、シド・フィールドである。

ハリウッド映画は、第1次世界大戦以降、古典的ハリウッド映画と呼ばれる型を産み出した。そして、1950年代にかけて黄金期を迎え、その後、60〜70年代の低迷を経て、1980年代以降再び隆盛を取り戻した。

80年代以降のハリウッド映画は、一見したところ派手なアクションや特殊効果が売り物のエンターテイメントであるようにみえるが、根底では、そのプロットは古典的ハリウッド映画の型を保持しているともいわれている[51]。

アメリカの映画研究者デイヴィッド・ボードウェルは、「ハリウッド映画は国際映画市場の中心であるために、他のほとんどの国の映画に決定的な影響を与えた。一九一七年以後、海外の支配的な映画製作の形態は、アメリカの映画スタジオが示すストーリーテリングのお手本に強く影響された」[52]と述べている。

ハリウッド映画の「型」は劇映画の構成を分析する際に一種の標準あるいは尺度とみなすことが可能と考えられる。本書でくわしく紹介するシド・フィールドの理論は、この「型」を精緻に分析するものであり、3幕構成の細部に映像コンテンツ制作の現場（ハリウッド）において経験的に導き出された工夫を加えた実用的な理論であるといえる。

## 3-2 映像コンテンツの3幕構成と各部の役割

### 発端・中盤・結末、それぞれの機能

シド・フィールドは、「脚本は映像によってストーリーを語るものであり共通して"発端""中盤""結末"の三つの部分を持つ。」[53]と述べ、三つの部分を次のように図示している（図21）。

| 発端<br>第一幕 | 中盤<br>第二幕 | 結末<br>第三幕 |
|---|---|---|
| p.1-30<br>状況設定 | p.30-90<br>葛藤 | p.90-120<br>解決 |

図21　3幕構成の見取り図[54]

以下、シド・フィールドの記述にしたがって、3幕構成の概要を記す。

図中第一幕が発端、第二幕が中盤、第三幕が結末であるが、この第一幕、第二幕、第三幕の長さは経験的に1：2：1であるという。多くのハリウッド映画は、2時間程度の上映時間を有するが、その場合、第一幕がおよそ30分、第二幕がおよそ1時間、第三幕がおよそ30分の長さを持つことになる。また、上映時間2時間のシナリオは、英語で書かれた場合、120ページ程度であるといわれるが、この場合、第一幕がおよそ30ページ、第二幕がおよそ60ページ、第三幕がおよそ30ページになる。このように、シド・フィールドの理論は、その構成の各部分の割合を数値に換算して示すことができるという特徴をもっている。

これらの各部分にはそれぞれ機能（その映画の中で果たすべき役割）が割り当てられる。

第一幕（発端）の機能は、状況設定である。ここでは、まず物語の設定（時代や環境など）が説明され、登場人物（キャラクター）が紹介される。この紹介の過程では通常、その登場人物たちの中心となる主人公と他の人物

たちとの関係が示される。そして、最後に主人公に与えられる課題が出現したり、主人公が達成をめざす目標が設定されたりする。

　第二幕（中盤）の機能は、対立である。ここでは、主人公の課題克服あるいは目標達成を妨げる障害物が次々に現れ、主人公がそれらを乗り越えていく過程が描かれる。

　第三幕（結末）の機能は、解決である。主人公の課題が解決されたり目標が達成されたりする過程が描かれる。

　注意すべきことは、第三幕（結末）は単なるエンディングではないということである。課題あるいは目標がどうなったのか、解決されたのか、されなかったのか、あるいは達成されたのか、されなかったのか、されたとすればどのようにしてか、されなかったとすればなぜか、といった事が描かれていなければならない。この意味で、第三幕（結末）と第一幕（発端）は対称の関係にある。第一幕（発端）で設定された課題や目標が第三幕（結末）でも再び現れるからである。

### 課題解決と旅

　これらの機能が実際の劇映画では、どのように発揮されるのだろうか。たとえば、1999年公開のSF映画『マトリックス』について、シド・フィールドの理論にしたがって整理すると、表2のようになる。

　第一幕（発端）で主人公が課題あるいは目標を与えられ、第三幕（結末）で、その課題を解決する、あるいは目標を達成するという展開になっている。この点で第一幕と第三幕は対称形をなす。第二幕（中盤）は、主人公の行為に対する妨害がさまざまな形で現れる部分であり、発端と結末の中間部分である。

　映画によっては、こうした構成が旅のかたちをとる場合もある。目標を達成するために旅に出て、途中危難にあい、最後に目的地に辿り着いて使命を果たすという展開である。この意味で、第一幕（発端）は出発点であり第三幕（結末）は到達点であるともいえる。

　物語はこのような別々の機能を持つ三つの幕でできているが、三つの幕を

表2 『マトリックス』の3幕構成とそれぞれの役割

| 第一幕（状況設定） | |
|---|---|
| 登場人物（主人公）を設定 | 天才ハッカー |
| 状況を説明 | 超常現象が周囲に起こる（実は人類は仮想世界に囚われている） |
| 他の登場人物（脇役）を提示 | ハッカーの前に現れる味方（将来の仲間）と敵（仮想世界のエージェント） |
| 課題（目標）の出現 | 仮想世界から人類を救う |
| 第二幕（葛藤） | ・仮想世界で戦うためのトレーニング<br>・裏切り者の出現<br>・仲間が敵に囚われる<br>・敵（エージェント）との対決<br>etc |
| 第三幕（解決） | 主人公は対決に敗れて一旦死ぬが、復活して敵（エージェント）を倒し、仲間を救う |

　ただ並べただけでは、それぞれの継ぎ目で話がとまってしまう。シド・フィールドによれば、次の幕に無理なく話が移る役割を果たすのが、プロットポイントである。

## 3-3 プロットポイントの機能

### 二つのプロットポイントと3幕の比率

　プロットポイントとは、物語（プロット）を動かすためのきっかけとなる出来事（事件）である。その役割は、第一幕から第二幕へ、および第二幕から第三幕へと物語を展開させることにある。

　単に物語を動かすための事件というだけなら、プロットポイントはいくつも存在しうる。劇映画（のみならず映像コンテンツ）が「発端」、「中盤」、「結末」の3幕構成である場合、各パートの間に断絶がある。これらの各パートの間に位置するプロットポイントは、各パートの間の断絶を乗り越えて話を進めさせるという特別の機能を有する。

この断絶を乗り越えるためのプロットポイントは二つ存在する。一つは第一幕と第二幕をつなぐプロットポイント、もう一つは第二幕と第三幕をつなぐプロットポイントである。シド・フィールドは、前者をプロットポイントⅠ、後者をプロットポイントⅡと名付けている。それらの位置をシド・フィールドの記述にしたがって図22に示す。

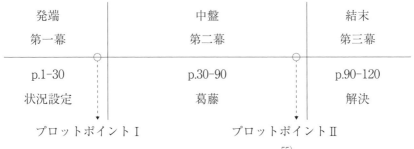

図22　プロットポイントの位置[55]

　第一幕、第二幕、第三幕それぞれの比は1：2：1であり、2時間の映画の場合は、それぞれ30分、60分、30分ほどだった。ということは、第二幕の開始位置は始まってから約30分後、第三幕の開始位置は始まってから約1時間30分後ということになるが、プロットポイントとなる事件（きっかけとなる出来事）はこれらの幕へ話を導く役割を果たすために、これらのタイミングより少し早く起こることになる。仮にプロットポイントの事件が5分の長さを持つ出来事であるとすれば、プロットポイントⅠの開始位置は25分頃、プロットポイントⅡの開始位置は1時間25分頃ということになる。

　これらのプロットポイントを、3-2節で採り上げた『マトリックス』に即して示すと表3のようになる。

表3　『マトリックス』のプロットポイント

| プロットポイントⅠ | 現実を知るための錠剤を選んで飲む |
|---|---|
| プロットポイントⅡ | 仲間を助け出すために仮想世界へ行く |

### ミッドポイントとキイ・インシデント

　シド・フィールドは、1984年に著したThe Screen-writer's Workbook（日本語訳は1991年『シナリオ入門』所収「シド・フィールドのシナリオ講座」）において、プロットポイント以外にもミッドポイントが存在すると述べている。ミッドポイントは第二幕の中程、すなわち、映画のちょうど真ん中あたりにあって、第二幕を二つに分け、「ストーリーの折り返し点」[56]を形成する。

　試みに『マトリックス』のミッドポイントを探ると、映画の折り返し点（開始から60分後あたり）は、主人公が（後の）裏切り者と会話をしているシーンになる。このシーンで主人公は、仮想世界が数字の配列（プログラム）によってできていることを知り、（後の）裏切り者は「現実を知るのではなかった」と言って、裏切りをほのめかす。また、「エージェントに出会ったら必ず逃げろ」と言って、後の展開を予感させる。『マトリックス』はThe Screen-writer's Workbookが出版されてから10年以上後の映画だが、ミッドポイントの概念はこの映画でも有効であるといえるだろう。

　2005年に出版されたScreenplay—The Foundation of Screenwriting（日本語訳は2009年『映画を書くためにあなたがしなくてはならないこと　シド・フィールドの脚本術』）には、インサイティング・インシデントとキイ・インシデントという概念が記されている。インサイティング・インシデント（誘因する事件）とは、映画の冒頭で「ツカミ」となる出来事[57]であり、キイ・インシデントとは「鍵となる事件という意味」[58]で「多くの脚本で、キイ・インシデントとプロットポイントⅠは同じである。」[59]という。『マトリックス』のインサイティング・インシデントは同書によれば、映画の冒頭で起こる超常現象（警官に追われる女性が現実にはありえない動きを

見せる）である。

### 主人公と物語の進行

　ボードウェルとトンプソンは、「古典的ハリウッド映画の物語は、例外なく、個人の心理的要因、すなわち決心、選択、人物の特徴を中心に展開する」[60]と述べている。このことを敷衍し、現代のハリウッド映画でも古典的ハリウッド映画の構成を踏襲しているものについては、プロットポイントは多くの場合、主人公に関連しておこる出来事であるといえる。第一幕での状況設定において、主人公に課題が与えられ（原因）、第三幕で主人公がその課題を解決する（結果）という構成を有する以上、主人公に即して物語が進行することが求められざるをえないからである。

## 3-4 映像コンテンツの構成分析によってわかること

### ハリウッド映画以外の3幕構成

　映像コンテンツの構成分析について、これまで、2節に渡ってシド・フィールドの理論を紹介し、第2節で3幕構成とそれぞれの幕の役割、第3節でプロットポイントの機能について述べた。これら、3幕構成とプロットポイントによる分析において、シド・フィールドがその例として採り上げたものは、ハリウッド映画が多い。

　では、ハリウッド映画以外の映像コンテンツに3幕構成による分析をおこなってみるとどのような結果になるだろうか。

　例として、『喫煙席発―過去行』というドラマを採りあげる。『喫煙席発―過去行』は5分のドラマである。標準的なハリウッド映画が2時間であることに比すると、24分の1の長さしかない。このドラマはワンセグなどの携帯端末向けに制作された『野田ともうします。』という連続ドラマの1話である。『野田ともうします。』は「青山ワンセグ開発」という放送枠が、そのサイトに、いくつか5分の番組を掲載し、閲覧者による人気投票をおこなった時、1位になったコンテンツである。

以下にまず『喫煙席発―過去行』のプロットを記す。

女子大生の「野田さん」はファミリーレストランでアルバイトをしている。ある日、換気扇の故障で喫煙席が煙に包まれるという異常事態が発生する。野田さんは、喫煙席の注文を取りに煙の中へ入っていく。煙の向こうにあったのは過去の世界で、野田さんは、そこで小学校3年生の自分と出会う。3年生の自分は浪曲の稽古をしていた。野田さんはこの時の稽古のせいで喉をつぶし、低い声しか出せなくなっており、そのことをずっと後悔していた。煙の中は、自分が一番後悔している過去の時点に戻れる場所だったのである。一度喫煙席から戻った野田さんは、過去の自分を変えようとして再び煙の中に入っていく。そして、戻ってきた野田さんは高い声が出せるようになっている。

この『喫煙席発―過去行』のプロットを分析すると、表4のような3幕構成になっている。

表4　『喫煙席発―過去行』の3幕構成とそれぞれの機能

| 第一幕（状況設定） | |
|---|---|
| 登場人物（主人公）を設定 | ファミリーレストランでアルバイトをする女子大生 |
| 状況を説明 | 換気扇の故障で煙に包まれた喫煙席 |
| 他の登場人物（脇役）を提示 | 同僚のウェイトレスたち |
| 課題（目標）の出現 | 過去の自分の行為への後悔 |
| 第二幕（葛藤） | 煙の中から戻ってきた主人公は、過去のおこないをやり直せるという期待を抱き、過去の自分を説得するため、再び煙の中へ入っていく |
| 第三幕（解決） | 過去から戻ってきた主人公は、高い声を出せるようになっている |

また、このドラマにおける、インサイティング・インシデント、プロットポイントⅠ、ミッドポイント、プロットポイントⅡは、それぞれ表5のようになる。

表5 『喫煙席発―過去行』のプロットポイントなど

| インサイティング・インシデント | 喫煙席に煙が立ち込める異常事態の発生 |
|---|---|
| プロットポイントⅠ | 喫煙席からウェイトレスを呼ぶ呼び鈴が鳴る |
| ミッドポイント | 煙の中では、一番後悔している時の自分に出会えることに気づく |
| プロットポイントⅡ | 再び喫煙席からウェイトレスを呼ぶ呼び鈴が鳴る |

## 映像コンテンツ構成の相似形

この3幕構成の時間配分は、第一幕（発端）において、主人公が煙の中へ入っていくまでがおよそ1分、煙の中の異世界で過去の自分を見つける（正確には過去の自分の声が聞こえてくる）までがおよそ1分15秒である。第二幕（葛藤）は、異世界（過去）から戻ってきた主人公が高い声をあげてみせるまでで、開始からおよそ3分45秒である。それ以後を第三幕（結末）とすれば、第一幕、第二幕、第三幕は、およそ1対2対1の配分となる。また、ミッドポイントとなるシーンは、真ん中にあたる2分30秒ほどのところに位置している。時間配分の上では、この5分間のドラマは、ハリウッドの2時間の映画と同じ構成を持っていることになる。

また、3幕構成を表のように整理することで、この『喫煙席発―過去行』というドラマのプロットが、「日常世界に異変が起きたことをきっかけに、異世界に行き、そこで何かを知った後、一旦戻り、再び、異世界に行き、課題を解決する」という点で、『マトリックス』のそれと相似形をなしていることが明らかとなる。

一方はハリウッドで制作された2時間尺のシリアスなSF映画であり、一方は携帯端末向けに日本で制作された5分尺のコミカルなテレビドラマであって、それぞれの性格と時間量は異なるが、構成の形状は等しいといえるのである。

なお3幕構成は（シド・フィールドが説くような精緻なものではないが、）

ドキュメンタリーにも適用できるとも主張[61]されている。

## 構成分析の意義

　もちろん、3幕構成が明確であるかどうかは、必ずしも作品の優劣には関与しない。3幕構成が明確ではなく、明確であったとしてもその比率が1：2：1でない場合でも、人びとに感銘を与えたり、多くの反響を呼んだりする映像コンテンツは存在しうる。

　しかし、3幕構成が明確であるか、明確であるとすれば、その時間配分はどういう比率か、プロットポイントやミッドポイントなどは明確に存在するか、存在するとすれば、どこに位置しているか、といった事項を調べることで、その映像コンテンツの構成がシド・フィールドが示した典型的なハリウッド映画の構成とどれほど似通っているか、あるいは、どれほど異なっているかを、（漠然とした印象によってではなく、）客観的に示すことができる。3幕構成は、映像コンテンツの構成を考察する上での有力な手段であるといえるだろう。

　アメリカの評論家エリック・バーナウはその著書『ドキュメンタリー映画史』において、次のように記している。

> 　フィクションが魅力的なのは、それが世界を意味のある場所として、原因と結果によって描いているからだ。その世界には内的な一貫性がある。対照的に、多くのドキュメンタリーに示される世界は、矛盾や未解決の謎だらけで、きちんと結末がつくことはめったにない。[62]

　バーナウは、フィクションは原因から結果にいたる一貫性を持つと述べているが、これは、（古典的）ハリウッド映画に最もよくあてはまるものであろう。一方、バーナウは、多くのドキュメンタリーでは謎は未解決のまま残されてきちんとした結末をもたないというが、これは（古典的）ハリウッド映画の対極にあたるといえる。バーナウはフィクションとドキュメンタリーを対比しているが、ドキュメンタリーをノンフィクションとすれば、ここで

フィクションとノンフィクションという大きな類別が映像コンテンツに対しておこなわれていることになる。次章では、この観点をまじえて、映像コンテンツの類別について述べる。

―――― **さらに知識を広げ理解を深めるために――参考図書** ――――

シド・フィールド『映画を書くためにあなたがしなくてはならないこと　シド・フィールドの脚本術』（フィルムアート社，2009）は、実践者の立場から3幕構成の理論を解説したものである。シナリオをいかに書くかという観点で書かれたガイドブックではあるが、物語の分析を志す初学者の方たちにとっても、このような手引書を読んでから、他の理論書に取り組むことが一つの方法となりうるだろう。

# 第4章 映像コンテンツの類型

## 4-1 フィクションとノンフィクションおよびニュース、ドラマ、ドキュメンタリー

### 映像コンテンツの2類型

　ボードウェルとトンプソンは、その著書『フィルム・アート　映画芸術入門』において、「映画の基本タイプを並べると明らかに対極的なものがいくつか出てくる」とした上で、実験映画やアニメーション以外の区別として、映画を「フィクション映画」と「ドキュメンタリー映画」に大別し、「ドキュメンタリー映画は普通、フィクション映画とは対照的である」[63]と述べている。

　ウォーレン・バックランドは、その著書『フィルムスタディーズ入門　映画を学ぶ楽しみ』[64]の「映画ジャンル――典型的な映画作品を定義すること」という章で、メロドラマやフィルムノワールなど劇映画のジャンルをいくつか紹介し、別に「ノンフィクション映画――五種類のドキュメンタリー」という章を立てている。前章では「ジャンル映画とはハリウッドの映画産業による大量生産品のこと」と記され、後章では「映画の観客がドキュメンタリーについて普通に抱いている基本的な前提」として、第一にフィルムに収められた出来事がヤラセであってはならないこと、第二にドキュメンタリーは習慣的にノンフィクション映画と理解され、フィクションの映画からきっちりと区別されねばならないこと、第三にドキュメンタリー映画の制作者は現実の出来事をひたすら観察し、その客観的な記録を作り出していることが挙げられている。ここに記した『フィルム・アート　映画芸術入門』と『フィルムスタディーズ入門　映画を学ぶ楽しみ』は、いずれもアメリカの大学や映画学校で教科書に使われることが多い書物であるといわれる。いずれにおい

ても、映画はフィクション（劇映画）とノンフィクション（ドキュメンタリー）の二つに大別されていることになる。

ただし、こうした2種の類別では、前者が「ドキュメンタリーは、事実にもとづいて情報を提示するという目的を達成するために、数々の趣向を凝らすこと」があり、「記録する出来事を演出する場合もあるだろう」と記し、後者も「最近では、これら三つの前提は全て疑われるようになって」いると記しているように、ドキュメンタリーを純粋な事実のみによるノンフィクションとして定義しきれない曖昧さが残る。

### 映像コンテンツの3類型

これに対して、ウルグアイの映画作家ダニエル・アリホンは、1980年に刊行した著書『映画の文法　実作品にみる撮影と編集の技法』[65]において、映画を2種ではなく3種に類別した。その3種とは、ニューズリール（ニュース映画）、ドキュメンタリー、フィクション[66]である。アリホンの記述に基づき、3種を整理して示すと表6のようになる。

このうち、ニューズリールはニュース映画のみならずテレビあるいはインターネット配信におけるニュース映像を含み、フィクションは劇映画やドラマに該当すると考えられるだろう。

アリホンは、ドキュメンタリーについて「多くの優れたドキュメンタリーは、純粋な現実に注意深く再構成された虚構を合わせたもの」と定義し、劇映画について「完全な虚構」と定義する。ニューズリールに関する同様の記述はないが、その他の記述から敷衍（ふえん）すれば、ニュースとは、「純粋な現実」にかぎりなく近いものといえるだろう。

本書において、改めて三つを定義すれば、次のようになる。

　　　ニュース……………………純粋な現実
　　　ドキュメンタリー……………純粋な現実＋注意深く再構成された虚構
　　　劇映画やドラマ（フィクション）…完全な虚構

**表6 映像コンテンツの3類型**

ニューズリール（ニュース映画）

| | |
|---|---|
| 撮影対象<br>および<br>撮影者と対象の関係 | 繰り返しができない行為や出来事が対象<br>撮影者は「見物人」の立場であり、出来事に最小限の影響しか及ぼせない |
| スクリーンに映しだされるもの | 出来事の断片を記録した、つながりのないショットの連続、混乱していて多くの欠落があるが、ナレーションで補うことはできる |

ドキュメンタリー

| | |
|---|---|
| 撮影対象<br>および<br>撮影者と対象の関係 | 共通した動機のもとで生じる一連の出来事が対象<br>対象には何らかの操作が加えられ、出来事は繰り返して撮影されうる |
| スクリーンに映しだされるもの | 出来事は起きた順番で映しだされる |

フィクション

| | |
|---|---|
| 撮影対象<br>および<br>撮影者と対象の関係 | 必要なだけ何度も繰り返すことができ、一つまたはいくつかの角度から撮影される出来事が対象<br>対象の状況はカメラに都合がよいように計画され、決定される |
| スクリーンに映しだされるもの | 現実の模倣、あるいは、より豊かにされた現実 |

　この3類型においては、ニュースと劇映画やドラマは対極にある。そして、ドキュメンタリーは両者の性格を併せ持つ特殊な存在である。
　イギリスの映画理論家（映画作家でもあった）ポール・ローサは、ドキュメンタリーについて次のように記している。

　　ドキュメンタリィ（ママ）はニュース映画と非常に似ているとしばしばいわれる。この二つのものは、それぞれの方法において、自然的素材を扱っているという理由から、業界では自然に混同されているのである。
　　だが、類似点はそれだけである。その素材に対するアプローチや解釈は非常に異なったものである。ドキュメンタリィの方法の本質は、現実

的でアクチュアルな素材のドラマティゼーションにある。このドラマ化の行為そのものが、映画の描写を現実（アクチュアリティ）とは異なったものとするのである。多くのドキュメンタリィが、それが精神的態度を表現する点についてだけ真実であることを思い出さなければならない。
　（中略）
　演劇との関連をもつ劇映画のロマンティシズムに対して、ドキュメンタリィはリアリスティックであると主張することもまた正しくない。というのは、なるほどドキュメンタリィは、それが現実と関連するという点でリアリスティックではあろうが、リアリズムは素材に対してだけではなく、むしろアプローチに対して特に適用されるものだからである。[67]

## 映像コンテンツのスペクトル

　ローサは、ドキュメンタリーはニュース映画とも劇映画とも異なると記しているが、こうした考え方をアリホンはより明確にし、ニュース、劇映画（ドラマ）、ドキュメンタリーの関係を整理したといえるだろう。2類型による分類では、ドキュメンタリーはノンフィクションでありながら現実そのものを描写するだけではない不明確な存在として扱われざるをえない。しかし、アリホンのように類型を三つにしてドキュメンタリーを現実と虚構の性格を併せ持つものとして位置づければ、あらゆるドキュメンタリーはその中に含まれることになる。そこで、本書においては映像コンテンツを三つの類型に分けた上で図23のように一つのスペクトル（対象物をある成分の量や強度の順に並べた帯または線）の上に並べて示す。

| 純粋な現実 | 純粋な現実＋注意深く構成された虚構 | 完全な虚構 |
|---|---|---|
| ニュース | ドキュメンタリー | 劇映画（ドラマ） |

図23

本書で示すこのスペクトルを利用すれば、さまざまなドキュメンタリーを、より現実の部分を多く持つか、あるいは、より虚構の部分を多く持つかによって、この図のどこかに位置づけることが可能になる。

BBC（英国放送協会）のプロデューサーだったマーティン・エスリンは、その著書『テレビ時代』において、「さまざまなタイプのテレビ番組を対象として」（したがってアリホンの類別とは直接の関係は無いが）一方の端に完全に現実的なものを置き、他方の端に完全なフィクションを置き、スペクトルに沿って配列することを試みている[68]。そこでは、最大限のリアリティーの側から、偶然におこったまったく予測しえない出来事（防犯カメラでとらえられた銀行強盗や大統領の暗殺など）、ニュース報道（ただし、そのリアリティーは演出、制作の過程でかなりえり分けられたものになっているという注釈がつく）、スポーツの生放送、トーク・ショー、クイズ番組（リアリティーを示すスペクトルの上では、フィクションの側に置かれるべきであろうとエスリンは述べている）、コマーシャル、ドラマの順に並べられている。

ただし、エスリンのようにジャンルごとに「純粋な現実」から「完全な虚構」までを線上に並べることには限界がある。特にテレビ番組においては、ジャンルの越境が頻繁に生じる上に、次節以降で述べるように、ノンフィクションとフィクションいずれも互いに重畳することが可能だからである。結局は、一つ一つのコンテンツにおいて、その中に含む「純粋な現実」と「完全な虚構」を見分けていくことが求められることになる。

## 4-2 ノンフィクションが持つフィクション性

### ドキュメンタリーの古典『アラン』

前節で示したように、ドキュメンタリー映画は純粋な現実に注意深く再構成された虚構を加えたものであるから、ノンフィクションでありながらも、フィクションの様相を呈する可能性を常に持っている。その具体的な例として、本書では、ドキュメンタリーの古典的名作として知られる『アラン』を

採りあげる。

　『アラン』は、元々は探検家だったロバート・フラハティが監督し1934年に公開したドキュメンタリー映画である。フラハティは世界各地を探検し、家族とともに現地に住み込んで撮影をおこなうという手法を用いて、その地に住む人びとの中に溶け込み、長期ロケによる記録映画を制作した。フラハティはドキュメンタリー映画の父と称せられる。その作品はドキュメンタリーの古典であるといえる。

　フラハティの代表作とされる『アラン』のプロットは次のようなものだ。

　アイルランドの西側に位置するアラン島は大西洋の孤島である。島は大部分が岩地で覆われている。中心となる登場人物はこの島に住む家族で、夫、妻、そしてその息子（少年）とおぼしき3人。

　漁に出ていた夫の乗る船が島に帰ってくるところから映画は始まる。大波に洗われながら海岸に辿り着こうとする夫の船を妻が波打ち際の海に入って一緒に引き上げようとする。その際、妻は危うく波にさらわれそうになるが何とか助けられる。九死に一生を得た妻と並んで夫と息子は海岸を歩き、家に帰り着く。

　島の生活は困難である。岩地に植物を育てるために岩の割れ目から土を集めて僅かな土壌を作る。

　ある日、少年は小さなカニを持って釣りに出かける。絶壁の上からカニを付けた糸を垂らし、カニを餌にしてまず小魚を釣り上げる。次にその小魚を餌にして大きな魚を釣ろうとする。やがて、糸に獲物がかかったように感じられる。しかし、何か様子がおかしい。少年が絶壁から身を乗り出して海面を見ると大きなものの影がみえる。巨大なサメ（ウバザメ）が現れたのである。このサメを採れば、充分な食糧と油が手に入る。

　漁師たちはサメ漁に出かけ、巨大なサメと格闘するが、取り逃がし、船も失ってしまう。しかし、漁師たちは再び別の船でサメに挑戦し、ついにサメをとらえることに成功する。

　このドキュメンタリーは秀逸な映像美を持っており、通常に鑑賞する場合、その写実的な描写に強い感動を与えられる。

## 🎞 「再現」の問題

　しかし、映像コンテンツについて少しでも知識のある者には、海岸を家族が歩くシーンの中に、家族の行動に何の干渉も加えずに撮影が可能だったのだろうかという疑問を持つショットがあることに気づくはずである。

　このシーンでは、歩く家族の姿を高台の上からロングでとらえたショットが続く。その中に、家族をアップで捉えたショットがつなぎこまれ、過酷な大自然の中で仲むつまじく暮らす家族の表情が映し出される。

　問題はこのアップである。ロングからアップ、そして再びロングとつながれているが、家族が歩くままの姿を撮影した場合にこんなことが可能だろうか。

　高台の上からロングを撮影していたのだから、次に家族の側まで行ってアップを撮影するには、一旦高台をおりて波打ち際まで行かなければならない。その間に、家族は歩き続けて、ずっと先の方まで進んでしまっているはずである。しかも、アップの後に再びロングがつながれているということは、撮影者はまた高台の上に登ったことになる。この間、家族の位置がどんどん先へ移ってゆくのに追いつこうと思えば、ほとんど一瞬のうちに高台の上と波打ち際の間を移動しなければならない。

　家族が自然のままに歩いていて、しかもロングとアップを交互に撮影することが可能な方法はある。カメラを2台用いて、1台はロングを、もう1台はアップを同時に撮影する方法である。だが、この『アラン』の場合は、できあがった映画を見るかぎり、そんな方法はとらなかったことと想定できる。アップのショットを見ると、広角系のレンズでかなり近くから撮影したものであることがわかる。ということは、2台で撮影した場合には、このアップを撮っているカメラが、もう1台のカメラが撮影したロング（遠景）の中に写り込んでいなければならないはずである。しかし、カメラは写っていない。ということは1台で撮影をしたということになる。

　いったいどうやって、1台のカメラで高台の上と波打ち際から交互に親子の姿を撮影することができたのだろうか。

　考えられる方法はもう一つある。まず高台の上からロングを一気に撮って

しまい、次に波打ち際に降りて、家族にもう一度[69]歩いてもらって、今度はアップを撮影するという方法である。そして、編集の時に、ロングとアップを交互につなぐ。この方法であれば、1台のカメラでロングとアップを撮影し、ショットを交互につないで、動きを一致させて見せることができる。

『アラン』に記録された写実的で迫真性の高い映像の一部は、その場での動きの再現だった——あるいは、少なくとも動きの指示は出していた——可能性があることになる。

## 注意深く再構成された虚構

『アラン』における再現の問題については、次のようなシーンも検討されるべき対象である。それは、沖から帰ってくる夫の船を崖の上で妻と息子が見守るシーンである。ロングでとらえた夫の船のショットとアップで写した妻と息子のショットは交互につなげて編集されている。しかし、このシーンには、夫の船と妻や息子を同時に一つの画面に収めたショットが存在していない。このことは、本当にこれらのショットは同じ時に撮影されたものだろうかという疑念を生じさせる。もし、夫の船と妻や息子を一つの画面に収めたショット（たとえば崖の上にいる妻と息子の背越しに夫の船が映っているショット）があれば、疑念は解消し、これらのショットは同じ時に撮影されたものだろうと想定できる。しかし、そういうショットが無い場合、海上の漁船と、その船を見守る妻と子を別の時に撮影したのではないかという疑念は残る。

ここに記した推論が正鵠（せいこく）を得ているとすれば、このシーンは再現ではない1回限りの偶然を捉えたショットとそのショットを活かすために付け加えられた再現のショットによって構成されていることになる。いうなれば、「純粋な現実」と「注意深く再構成された虚構」が組みあわされているのである。

『アラン』には、ロング・ショットにおいて、当時のマイクの性能では、どうやっても録音が難しいと思われる会話が付されている。悪天候で風が吹きすさんでいるのに、セリフは風音で吹き消されることもなく明瞭である。実は、このセリフは後から合成して追加されたもの[70]なのだという。フラ

ハティの妻フランシス・フラハティは、その著書『ある映画作家の旅　ロバート・フラハティ物語』で、『アラン』の家族は本当の家族ではなく、フラハティたちが島の人々から選んで「配役」した架空の「アラン一家」だったと述べている。

## ドキュメンタリーの記録性

　エリック・バーナウは、1993 年版の Documentary A History of the Non-Fiction Film（日本語訳は 2015 年『ドキュメンタリー映画史』）において、フラハティは「フィクション映画で発展してきた映画の『文法』をマスターしていたようだ。」[71]と記している。

　誤解のないように述べておくと、これまでの論述は『アラン』の裏側を暴きたてて糾弾しようという目的のものではない。この作品がヴェネチア国際映画祭で最優秀外国映画賞を受賞した「叙事詩的な壮大さをもつ」[72]傑作であり、アラン島の人々の生活を的確に記録したドキュメンタリーであることは確かである。ただし、映像コンテンツにおける記録とは、あるいは記録性とはどういうものかを理解するためには、どうしても『アラン』の制作過程を知る必要があるために、あえてその裏側を紹介し、数々の問いかけを加えている。

　もちろん、『アラン』には、再現ではないと思われるショットも数多くある。たとえば、妻役の女性が波にさらわれそうになるショットである。生命の危険があるショットまで繰り返しを要求することはできず、また、実際にやったとしても到底真実味がないショットしか撮れない。このようなショットはまさしく実際の映像と思われる迫真性を持っているから、再現ではなく、「純粋な現実」であるといえる。

　もう一度、ドキュメンタリーとは何かという定義に戻る。繰り返すがそれは、純粋な現実に注意深く再構成された虚構を加えたものである。いうなれば、ドキュメンタリーとは、単純な記録ではなく、記録を元にした構成なのである。したがって、その資料性には常に注釈が必要となる。

　ドキュメンタリー映画『アラン』における一つ一つのショットには記録性

がある。しかし、そこには、純粋な現実だけでなく注意深く再構成された虚構も加えられている。それは、その時その場に起こった現実ではなく、あったはずの現実、あってもおかしくなかった現実である可能性がある。たとえば、フラハティの撮影当時、小舟に乗って銛でウバザメを仕留めるような漁はおこなわれなくなっていたといわれている[73]。ドキュメンタリー映画の映像を他に転用する、あるいは他に紹介する時、その映像が注意深く再構成された虚構である可能性を忘れないことが肝要である。

次節では、本来はフィクションである劇映画がノンフィクションとしての資料的価値を持つ場合について述べる。

## 4-3 フィクションが持つノンフィクション性

### ヌーヴェル・ヴァーグの劇映画『勝手にしやがれ』

ドキュメンタリーが純粋な現実に注意深く再構成された虚構を加えたものであるのに対して、劇映画（ドラマ）は、本章第1節で述べたとおり、完全な虚構である。ところが、完全な虚構であるはずの劇映画も、その元は実際の現実を写した静止画の連続によって出来上がっているために、本来は意図していなかったはずの記録性を帯びることがある。その具体的な例として、本書では、1959年に制作された映画『勝手にしやがれ』を採り上げる。

『勝手にしやがれ』はジャン・リュック・ゴダールが監督したフランス映画である。ヌーヴェル・ヴァーグ（フランス語で「新しい波」という意味）と呼ばれることになる新しい傾向の映画の代表作ともなった作品である。

『勝手にしやがれ』は、第2章で解説したような、映像コンテンツの「文法」を逸脱し、とりわけ、ショットとショットのつなぎにおける慣習を無視しているかのように撮影され編集されていることでも大きな衝撃を与えた。

『勝手にしやがれ』のプロットは次のようなものだ。

主人公の青年は、自動車泥棒をしている。ある日、盗んだ車を走らせている途中、田舎道でオートバイに乗った警官に追跡され、追い詰められたあげ

くに警官を銃で撃ち殺してしまう。パリに戻った青年は、恋人に警官殺しを隠したまま一緒にイタリアに行こうと誘う。恋人は色好い返事をしないが、青年は執拗に誘い、警察の目を盗みつつパリの町を金策に走り回る。やがて、恋人は青年が警察に追われていることを知る。一度は青年と一緒に逃げることを承諾したかに見えた恋人だが、隠れ家に潜伏している途中、一人抜け出して警察に青年の居場所を密告する。警察に発見された青年は逃げる途中に撃たれ、路上に倒れる。そして、恋人が見つめるうちに死ぬ。

## 文法の逸脱

　前述のとおり、この映画には、いわゆる「文法」を逸脱したかのような場面が続出する。

　たとえば、盗んだ車に乗った主人公の青年が警官のオートバイに追われるシーンである。最初、青年の車とそれを追いかけるオートバイは、画面の下手（向かって左側）から上手（向かって右側）へ走っている。ところが、次のショットでは、突然、逆の方向すなわち上手から下手へと走り出すのである。ここでは、第2章で述べた想定線の法則が守られていない。こうしたつなぎ方は、喜劇映画などで、あえて滑稽さを表すために用いられることはあるかもしれない。しかし、このシーンは自動車泥棒が警官に追われるという切迫した状況を描いている。しかも、この次には青年が警官を撃つという、更に切迫したシーンが続く。もちろん、警官を撃つのは現実ではなく芝居（フィクション）なのだということは暗黙の前提になっているのだが、最初から芝居だとわかっている観客に本物らしく思いこませるために、古典的ハリウッド映画ならば現実感を持たせようとして、方向の一致を遵守し、想定線は越えないようにするはずである。であるにも関わらず、ここでは、想定線を越境した位置にカメラを置いている。これは劇映画であるから、想定線を守って撮影ができるはずであるにも関わらず、である。

　もう一つ、「文法」を逸脱したような例を挙げる。

　主人公の青年と恋人がオープンカーに乗ってドライブしながら会話をするシーンがある。ここでは、会話をする二人の動きが文字通りつながっていな

い。恋人は青年のほうを向いて話している。想定線は越えていないのだが、話している恋人の位置が突然、ずれる。身振りも途中で途切れて、違う動きがつながれる。ジャンプカットと呼ばれるつなぎである。ジャンプカットはたとえば、ニュース映画やドキュメンタリーのインタビューなどで、撮影時にどうしても別のアングルからの撮影（古典的ハリウッド映画などでは30度以上角度を変えて撮影することがおこなわれている）ができなかったり、あるいは編集時にどうしてもインサートショットが用意できなかったり、といった事情でやむなく慣習的な文法を無視するしかない（あるいは守ろうという意志がない）場合に用いられることが多い。しかし、『勝手にしやがれ』は劇映画であって、オープンカーの二人の会話は、文法通りに撮影することが可能なのである。ゴダールはその著書『映画史　Ｉ』において、この部分は元々恋人と青年を交互に切り返すという慣習通りのつなぎ方をしていたが、どうしても映画の長さを短くしなければならなかったため恋人のほうだけを残し青年のほうはすべて割愛してつないだ結果、できあがったものであると述べている。恋人と青年の両方を少しずつ短くすれば慣習的な文法を守ることができたにも関わらず、そうしなかったのである。

　そして、その結果がかえって、この映画に、ドキュメンタリーが有する類の現実感を与える結果となったともいえる。

　想定線の越境やジャンプカットは、この映画に対して、古典的ハリウッド映画のように慣習的な文法を守ったがゆえに醸成された現実感ではなく、この映画がこの瞬間に撮影されていたこと自体は、まぎれもない現実であるという、より強固ともいえる現実感を観る者に与える結果となっているからである。ゴダールは、「私はフィクションをつくることからはじめ、しかもそのフィクションをいつも、きわめてドキュメンタリー的なやり方でとりあつかって」きたと述べている。

### 劇映画（ドラマ）の資料性

　ゴダールのそうした撮り方が、まさにドキュメンタリーというべき貴重な記録を残す結果となった場面がこの映画には、ある。

それは、パリの街中を並んで歩く青年と恋人を長回し（ショットを途中で切らず、長い時間に渡って撮影すること。ワンショットでワンシーンを撮影するような場合に用いられる）で撮影したシーンである。このシーンには、二人とすれ違った通行人のうち何人かが何事かと振り返る姿が記録されている。

通常、劇映画において街中を歩くシーンでは、通行人は職業俳優あるいはエキストラと呼ばれる専門の出演者を起用する。したがって、街中のシーンに出てくる通行人は、事前に撮影のことを知っている。そして、カメラの存在を無視する。正確にいえば、そこにカメラがあって撮影がおこなわれているということを知らないふりをする。

ところが、『勝手にしやがれ』のこのパリの街中を歩くシーンにおいて、通りすぎた後、カメラ（この撮影の時は、手づくりの移動車に載せられていたという）のほうを振り返って見た通行人がいたということは、彼らは、その時、その場にいた、いわば「本物」の通行人であり、撮影のことは知らされていなかったということを示しているといえる。したがって、青年と恋人の役者たち二人は自然に振る舞っているようにみえるが、実はカメラの前で演じているだけなのだということが明らかになってしまう。

その結果、通常の劇映画が持つ現実感は消失する。しかし、それと同時に、この映画が、その時、その場で撮影されたということがまぎれもない事実であるということも示す結果も生じている。すなわち、この場面に記録された風景は、まぎれもなくその時のパリの街中の風景の記録なのだということである。通行人たちの衣服やしぐさ、建物、車両、その他の風俗などすべてが、その当時の日常の記録になっている。ここでは、映画の虚構性を暴きたてるようなショット、言い換えれば現実らしく見えないショットのほうが、実は現実そのものを写し取っているというパラドックスが生じているともいえる。

このように劇映画やドラマは、定義の上では完全な虚構であっても、その素材は資料性を持つことがあり得る。

ただし、『勝手にしやがれ』のような場合は別として、通常の劇映画の場合、セットあるいはロケでの撮影は、通行人に至るまで、俳優やエキストラ

が演じ、衣装や車両は劇用に用意される。背景の建物もセットならば作り物であるし、ロケでも場合によっては看板を掛け替えるなどの加工が施される。したがって、たとえ現代劇でも劇映画やドラマに記録された映像は、当時の日常そのままを写し取ったものではなく、一種の再現あるいは模倣を写し取ったものにすぎないことには留意しておかなければならない。

## 4-4 フィクションとノンフィクションの接合

### ▶ 類型の混淆

　映像コンテンツを構成する単位であるショットは、空間と時間を切り取った静止画の連続であり、本来、切り貼りして入れ換えることが可能である。ショットとショットが切り貼り可能ということは、それらショットの集合体であるシーンおよびシークエンスも切り貼りして入れ換えることが可能であることになる。

　このことを敷衍すると、シーンやシークエンスの組み立てによってできているニュース、ドラマ（劇映画）、ドキュメンタリーも、互いに接合できるということになる。たとえば、ドラマ番組の中にニュース映像を挟む、あるいは、ニュースの中に再現ドラマを組みこむなどといった形で、3類型が混淆されうる。

　上記の例、すなわち、ドラマとニュースの接合の場合は、片方が純粋な現実であり、片方が完全な虚構であることから、コンテンツの性質に極端な差異があり、接合したことはかなり明確に判別できる。しかし、ドキュメンタリーの場合は元々、純粋な現実に注意深く再構成された虚構を加えたもの、極端に言えば、ニュースとドラマを合わせたともいえるものであるから、自身の中に他の二つの類型を取り込んでも違和感が相対的に小さく、互いに馴染みやすい。

　ドキュメンタリーの中にニュース映画やドラマの一部分を組み込んだコンテンツを、全体としてドキュメンタリーと呼称することが往々にしておこなわれる。しかも、組みこまれたニュース映画の一部分がドラマによる再現

だったり、組みこまれたドラマの中にニュース映画の一部分が挿入されていたりした場合は、組みこみは一層入り組んだものとなる。また、接合部にはナレーション、音楽、画像加工などによって違和感を薄める工夫がされる場合もある。

### ▶ 真珠湾攻撃のドキュメンタリー

　以下に、こうした接合の例を挙げる。1943年にアメリカで制作された『真珠湾攻撃（英語原題は December 7th.）』である。ジョン・フォード監督のこの作品は、アカデミー賞のドキュメンタリー部門で最優秀短編ドキュメンタリー賞を受賞した。このことで明らかなように、この映画は、一般的にはドキュメンタリーとして扱われている作品である。

　英語原題は1941年12月7日を表しており、この日（日本時間では12月8日）日本軍航空部隊に奇襲された、ハワイ・オアフ島の軍港パールハーバーの惨禍が描かれている。

　映画の冒頭には、二人の人物による室内での会話がある。二人とも普通の男性に見えるが、話が進むにつれ、この二人は架空の人物であることがわかる。そして、二人の会話から、アメリカがいかに油断していて奇襲攻撃を受ける日を迎えることになったかが理解できるようになっている。当然、この二人を演じているのは俳優であり、彼らの会話には台本があってセリフが決められている。すなわち、この部分はドキュメンタリーではなく劇映画（フィクション）である。この劇映画部分の役割は、これより後の部分、すなわち実写を使ったドキュメンタリー部分へと橋渡しをする解説であって、一般の人には敬遠されがちな外交問題や歴史的経緯を飲みこみやすくするために劇映画にしたと考えられる。前述したように、3類型はそれぞれ他の類型に組みこまれることが可能であり、これは、ドキュメンタリーにおける劇映画との接合の例である。

　真珠湾攻撃のシーンは、映画が半ば近くになってから始まる。

　アメリカ軍の観測所のレーダーが大編隊の影をとらえたことに観測係の兵士が気づく。兵士は電話で連絡するが、放っておくようにと言われ受話器を

置く。まもなく、航空機の群が空に現れる。そして、ハワイの山並みを次々に越えて飛行していく。それをアメリカ人たちが、さまざまな場所で見上げる。

　ここまで観たところで、映像コンテンツの文法を知っている者には、次々に疑問が生じてくる。

　カメラの位置はその都度違っているから、日本軍攻撃部隊の動きを返さなければこういうショットは撮れないはずだが、日本軍は敵であり、奇襲は現実の１回限りの出来事である。動きを返すことはもちろんできない。あるいは、カメラをいくつも使って航空機の動きを捉えたのだとすれば、どうして日本軍が飛行してくる場所ごとに予めカメラを設置しておくことができたのか。

　日本軍部隊はついに攻撃態勢に入り、一斉に急降下を始める。その航空機の数々をカメラは真横から捉えている。こんな迫真の映像を、いったいどうやって撮影できたのか。被写体は航空機でそれを真横から撮影しているから、カメラは空中になければ撮影できない。しかし、真珠湾攻撃は日本軍の完全な奇襲だったから、攻撃開始当時、空中にアメリカの航空機はいなかった。いたとしても撮影している場合ではないだろう。いやとにかく撮影にあたったのだとしても、そもそもその航空機はどうして手回しよくムービーカメラを積み込んでいたのか。

　急降下の後は、日本軍の執拗な爆撃の場面が続く。爆弾や魚雷が命中したアメリカの戦艦が次々に大爆発を起こす。その瞬間が幾度となく繰り返される。

　長く列挙してきたが、これらはこのドキュメンタリーにおける攻撃場面の一部にすぎない。そして、既にここまでの検討で類推できるように、これらは、ほとんどが再現映像であって真珠湾攻撃当日の実写ではない。

　急降下する日本軍の航空機は、実はアメリカ軍の航空機の翼に日の丸を描いて日本軍に見せかけたものである。編隊をなして向かってくる一群の航空機は、念の入ったことに引き込み脚を引き込まずにわざわざ外に出したまま飛んでいる。これは当時の日本軍の艦上爆撃機が固定脚で引き込み式ではな

かったため、その姿に似せようとしたからである。航空機の機銃に撃たれて倒れる兵士たちの姿は芝居である。爆発する戦艦は模型である。その撮影手法からいえば、これはほとんど劇映画であるといえる。ジョン・フォードはハリウッド西部劇の監督として高名である。

### ▶ 純粋な現実＋完全な虚構

　この映画は「真珠湾攻撃のドキュメンタリー」と題されているのだが、これがはたしてドキュメンタリーといえるものなのだろうか。第１節で述べた定義からすれば、この映画をドキュメンタリーと呼称してもさしつかえないことになる。ドキュメンタリーとは純粋な現実に注意深く再構成された虚構を合わせたものだからである。

　この映画は実は全部が再現ではなく、この中には当時のニュースに使われた映像すなわち純粋な現実もつなぎこまれている。特に日本軍攻撃隊が去った後の真珠湾の惨状を写した映像にそれが多い。これは、撮影が間に合って多くの記録が残されたのは、攻撃がほとんど終わった頃からだからである。真珠湾攻撃は完全な奇襲だったので当然であろう。さらに複雑なことには、同じく戦争中の実写ながらも後におこなわれた別の戦場での記録映像が使用されていると思われる部分もある。『真珠湾攻撃』は、純粋な現実と注意深く再構成された虚構が、複雑に入り組んだドキュメンタリーなのである。そして、複雑であるとはいえ、これらの映像は、純粋な現実すなわち断片としてのニュース（当日の本当の映像もあれば後日撮影された別の戦場の映像が転用されているとおぼしき部分もある）と再構成された虚構すなわち再現された芝居としての劇映画とに分解することが可能である。真珠湾攻撃に関するドキュメンタリーは数多く作られているが、その多くは[74]こうした接合によってできている。

　このようにして３類型を接合することが可能であるのも、映像コンテンツが空間の切片と時間の断片の切り貼りによってできているという特質による。こうした接合は、映画やテレビが発展する過程で、次第に複雑におこなわれるようになったものである。

映像コンテンツを的確に利用するためには、接合をときほぐして、純粋な現実と再現された虚構を区別することが必要になる場合もある。したがって、映像メディアの発展過程において、なぜ、どのような経緯で接合がおこなわれてきたのか、その経緯を知っておくことが有用である。

接合は、なんらかの思想や観念を映像メディアによって伝えようとする場合におこなわれることが多い。接合の実態は、映像コンテンツの編集と加工である。映像コンテンツに対する編集と加工による思想や観念の表現および映像メディアによるその伝達は、映画、テレビ、インターネット配信の3階層でどのようにおこなわれてきたのか。

以下、映画、テレビ、インターネット配信という三つの階層の歴史と特性を、3章に渡って順に述べる。

---

**さらに知識を広げ理解を深めるために──参考図書**

エリック・バーナウ『ドキュメンタリー映画史』(筑摩書房，2015)は、多くの資料と綿密な取材によって、ドキュメンタリーの歴史を綴った古典的大著であり、近年、新たな日本語訳が出版された。ドキュメンタリーに関する本ではあるが、映像メディアと映像コンテンツのさまざまな側面を考察しており、単なる映画史とは一線を画している。

# 第5章 映像メディアの第1階層＝映画

## 5-1 映像メディアの誕生

### ▶ キネトスコープ対シネマトグラフ

　映画の誕生が1895年12月、フランスのリュミエール兄弟による有料上映の時であることは第2章で述べた。しかし、映画の生みの親と称すべき人物は他にもいた。アメリカの発明王エジソンである。実は、エジソンとその助手ディクソンはリュミエール兄弟よりも早い時期に、動く映像を見せる装置を開発していた。キネトスコープと名付けられたその装置は、大きな箱の中にループ状につなげられたフィルム（連続した静止画）が装塡されており、そのフィルムを回転させながらスリット（覗き窓）を通して映像を見るように作られていた。1894年4月、ニューヨークで10台のキネトスコープを並べたパーラーが開店した。続いてシカゴ、サンフランシスコなどアメリカの大都市にパーラーが開かれ、9月にはパリとロンドンにも進出した。その「物珍しさによる成功は莫大なもの」[75]だったという。

　それほどの評価を得たキネトスコープだが、やがて市場から姿を消し、リュミエールのシネマトグラフが隆盛を極めることとなった。

　なぜ、キネトスコープが消えてシネマトグラフが残ったのだろうか。表7は、キネトスコープとシネマトグラフそれぞれの特徴を比較したものである。

　この表から明らかなようにキネトスコープとシネマトグラフは多くの点で対照的な性格を有していた。

　まず、撮影場所については、キネトスコープは大型の撮影装置キネトグラフを別に必要とした。キネトグラフは、移動が著しく困難だったため、据えつけたカメラの前に、被写体を連れてくる必要があった。踊り子や曲芸師など、キネトスコープに映っている映像は特別につくられた一種のスタジオ

第 5 章　映像メディアの第 1 階層＝映画　71

表 7　キネトスコープとシネマトグラフの違い

|  | キネトスコープ | シネマトグラフ |
|---|---|---|
| 撮影装置の移動 | 困難 | 可能 |
| 撮影場所 | 室内（スタジオ） | 戸外（ロケ） |
| コンテンツの性質 | 再現 | 記録 |
| 映写方法 | 覗き見 | スクリーン |
| 観客 | 一度に一人 | 同時に大勢 |
| コンテンツの選択 | 各自が好きなもの | 皆が同じもの |

の中で撮影されたものである。したがって、その映像は普段やっていることの再現になる。

　これに対し、シネマトグラフは、上映装置が撮影装置を兼ねており、小型であるため、比較的楽に外に持ち出すことができた。被写体をカメラの前に連れてくるのではなく、カメラが被写体のある場所に行くのである。したがって、あるがままの姿で被写体を記録することができる。シネマトグラフの可搬性は、いたるところにカメラマンを派遣することを可能にし、王侯貴族の儀式や世界各地の風俗など、それまで見たくても見ることができなかった光景を観客に見せることができたのである。

　両者は、映写方法も著しく異なっていた。キネトスコープは覗きこんで見るようにできているため、一度に一人しか見ることができない。装置を複数並べれば、複数の人が同時に見ることはできるが、あくまで 1 台につき一人である。これに対し、シネマトグラフは、スクリーンに映し出すため、一度に大勢の人に同じものを見せることができた。

　このキネトスコープとシネマトグラフの映写方法の違いは、両者の仕組みの違いに拠っている。キネトスコープは円盤に空けられた細い割れ目を通して毎秒 46 コマ[76]で動くフィルムを見るものだった。そのため、照度が不足し、大画面に映写することができなかった。これに対して、シネマトグラフは、フィルムの伝動装置を工夫し、光量を大幅に増やすことに成功[77]した。しかもそのコマ数は毎秒 16 コマとキネトスコープの 3 分の 1 程度だった。

その結果、映写幕に大映しにできる照度を得ることができたのである。

## ▶ 動く映像がメディアになった時

　映画館というものの存在を可能にしたのも、シネマトグラフが大勢に映写できるという特徴を持っていたからこそだった。一度に多くの人が観ることができるかどうかが、キネトスコープとシネマトグラフの決定的な違いだったといえるだろう。シネマトグラフは大勢が同じコンテンツを同時に享受するという点で、20世紀に著しく発展したマスコミュニケーションを具現化したメディアだったのである。

　コンテンツとしての映画とメディアとしての映画は、厳密に区別されることがある。フランスの映画学者ジルベール・コアン＝セアは、『映画哲学の諸原理に関する試論』において、映画における、フィルム的事象は「生を、世界や精神の生を、想像力や生き物や事物の生を、映像の組み合わせという特定の体系によって表現すること」であり、シネマ的事象は「記録・感覚・観念・感情といった、生活によってもたらされ、映画によってそれなりのかたちを与えられたさまざまな素材の集積を、種々の人間集団のあいだに流通させること」であると定義[78]した。本書での区別に即せば、前者が映像コンテンツであり後者が映像メディアであるといえるだろう。

　一度に大勢が同じものを観るという点で、シネマトグラフは、19世紀の人々にとっての主要なイベントだった観劇や音楽会あるいは演説会への参加などと同じ性質を持っていた。ただし、シネマトグラフは複製技術の産物であり、演劇や音楽会には無い大量生産性を有していた。演劇や音楽会でも、何度も繰り返して同じプログラムを演じることはできる。だが、それは厳密に同一のものではなく、また多大な努力を要する。これに対して映画は、何本でも同じものを作ることが可能であり、多くの映画館で同じコンテンツを、しかも何度も繰り返して上映することができる。さらに国境を越えて世界各地に伝播することもできる。

　この点で、映画は、何らかの思想や観念を宣伝し伝播する、すなわちプロパガンダのための道具に転化する可能性を孕んでいた。しかも、その道具は

政治集会や演説会などとは異なり、大量複製が可能で同時に多くの人に見せられるとうい点でかつてなく効率的であり、人々の感性に訴える点でかつてなく強力だった。20世紀の前半、マスメディアとしての映画は、見せ物から芸術へ、そしてプロパガンダ（思想宣伝）の道具へと急速に変容していく。その過程を続く3節に分けて述べる。

## 5-2 見せ物から芸術へ

### トリックSFの元祖『月世界旅行』

　リュミエールのシネマトグラフが上映したのは、工場の出口から出てくる人びとや駅に到着する列車をそのまま撮影した映像だった。第4章で述べた映像コンテンツ類別の基準からすれば、「純粋な現実」、すなわち、ニュースに振り分けられるべきものである。

　これに対し、「完全な虚構」に属するコンテンツが時を経ることなく現れた。フランスのジョルジュ・メリエスが作った一連の空想劇映画である。

　その作品の一つ、1902年に公開された『月世界旅行』は、科学者たちが砲弾に乗って月へ行くという物語である。出演者には俳優を起用し、大がかりなセットを用いて全く架空の世界を描き出した。砲弾が月に突き刺さった時、擬人化された月が顔を歪める、というショットなどがちりばめられたこの映画は、特殊撮影によるSF（サイエンス・フィクション）の先駆ともいえる。

　『世界映画史』の著者ジョルジュ・サドゥールは、「リュミエールとメリエスによって正反対の対決が開始され」[79]たと記している。両者は第4章で述べた「純粋な現実」と「完全な虚構」の対比になぞらえることができるだろう。

　たとえば、ルイ・リュミエールは、1895年に写真会議に出席する人びとが船で到着した場面を撮影し、翌日の会議の際に映写した。サドゥールによれば、このことによってルイ・リュミエールは「最初のニュース映画カメラマンとなった」[80]という。この「ニュース映像」は「純粋な現実」に類別さ

れるべきものであるといえるだろう。

　これに対して、メリエスは、自分が経営する劇場で「再現されたニュース映画」を上映していた[81]。1898年にアメリカとスペインとの戦争（米西戦争）が起きた日には、戦争の引き金となった事件を題材とした映画を上映し、1899年には当時、フランスで論争の的となっていたドレフュス事件をニュース映画風に再現した作品を製作している。この作品は、俳優を起用した劇映画であって、題材を現実にとっているとはいえ、その実態は「完全な虚構」であるといえる。

　リュミエールの作品にも、『水をかけられた散水夫』のように演出は存在する。しかし、メリエスが「演劇の手法の大部分を組織的に映画に使用した」[82]ことに比すれば、リュミエールの演出は素朴なものである。

　メリエスの作品は、「完全な虚構」ではあるが、舞台の上で演じられる芝居や手品をそのまま撮影したもので、ほぼ同じアングルとサイズの場面が続く。いうなれば演劇を映画に置き換えたものにすぎなかった。『映画の考古学』の著者ツェーラムはメリエスを次のように評している。

　　彼はトリック映画を作ったのではなく、トリックそのものを撮影したのである。（中略）"映画的"であるとのちのちまでもみなされるような何物をも彼は残していない。固定したカメラで巧みなトリックの撮影をしたが、ささやかな細部が一つのシーンを作るのに役立ち、そのシーンが幾つか集まって事件を作り上げ、その事件が筋の中に溶け込んでいくなどとは想像もしていなかった[83]

　メリエスの映画は大変な人気を博した。興行師でもあったメリエスは、撮影所を建設して、作品を効率的に量産できる体制を整えた。メリエスの成功は多くの追随者を生んだ。同じフランスでは、パテが映画の制作から上映までに至る一貫したシステムを築き上げた結果、莫大な収益を挙げた。映画は誕生まもなくして産業になったのである。前出の『映画の考古学』には、「パテは（中略）『私は映画を発明はしなかったが、産業化した』と述べてい

る」[84]と記されている。パテは、世界各地に派遣した特派員から送られてきたフィルムを用いてニュース映画を上映[85]する一方、歴史上の出来事を再現する映画をヒットさせ、20世紀初頭に全盛期を築いた。

### 編集による思想の表現

　その一方、メリエスの作品に欠けていたサイズの変化を取り込んだ映画が、イギリスで生まれた。1900年にクローズ・アップを用いた映画がスミスによって制作されたのである。やがて、アングルやサイズを変化させた複数のショット、それらを集めたシーン、そして、シーンを集めたシークエンスを持つという点で、劇映画の型を十全に備えた作品が登場した。1903年にアメリカで公開されたポーターの『大列車強盗』はその先駆であるといわれている。

　劇映画は爆発的な人気を集め、やがてハリウッドで大規模な産業化が果たされる。そのハリウッドで、かつてない規模の映画を制作したのが、D.W.グリフィスである。1915年に公開された『国民の創生』[86]は1億人の観客を動員した[87]といわれる大ヒットとなった。グリフィスはフランス、イギリス、アメリカで開発されてきたさまざまな手法を壮大なかたちで統合した作家だった。サドゥールはグリフィスについて「この巨匠の偉大な業績は、諸々の流派や監督がなした脈絡のない諸発見を取り入れてそれらを系統だてたことであった。」[88]と記している。

　『国民の創生』では、クライマックスで囚われているヒロインのようすと救出に向かう騎馬隊のようすが交互に映し出される。並行編集とも呼ばれる手法である。時間は同時であるが、場所は異なる二つの事件を、それぞれのショットを交互につなぐという、これまでにない構成の方法によって、映画は演劇では不可能な表現形式を獲得することになった。

　この構成をさらに大規模に押し進めたのが1916年公開の『イントレランス』である。『国民の創生』の構成は、二つの場所で同時進行する出来事を並べたものだったが、『イントレランス』では、構成要素となる物語が、四つの異なる時代と地域にまで拡張された。四つの物語が入り乱れる『イント

レランス』の方法は構成の方法としては例外的な実験にとどまり、興行としても失敗だった。

　しかし、グリフィスが制作した『国民の創生』と『イントレランス』の意義は、その興行成績にあるのではない。ハンガリーの映画理論家ベラ・バラージュは、その著書『映画の理論』において、「第一次大戦のはじめ頃に起った、映画におけるこの革命は、デイヴィッド・グリフィスの天才に負うている」[89)]とし、「優れた映画監督は、観客がひとつの場面を自由に、そのときそのときの気分や偶然によって出鱈目に眺めることを許さない。彼はわれわれの眼を、あらかじめ定められた自分のモンタージュの線にそって、全景の細部から細部へと強制的に導いていく。（中略）彼はたんに映画を見せるだけでなく、同時に解釈を行なう」[90)]と記している。

　バラージュは、こうした「視覚的表現の革命」が「まったく新しい芸術の発展の基礎を作り出した」[91)]と述べている。映画は誕生から20年ほどで単なる見せ物から芸術へと変貌したのである。そして、その時、映画は、新たな思想表現の手段ともなりうることになった。

　グリフィスは自分の作品を自分の思想表現の手段とした。『国民の創生』と『イントレランス』は、グリフィスの思想を表明するための作品になっている。そして、それらの思想を言葉でなく、さまざまな技法による映像表現で観客に訴えかけた。

　以降、映画は世界各国で、思想や観念を伝える手段ともみなされるようになる。イギリスの映画理論家ポール・ローサは、その著書『ドキュメンタリィ映画』において、「二つの電気的メディア（媒体）――映画とラジオ――の巨大な説得力が、戦後のヨーロッパにおいて、集団思想を形成する上に測りしれぬ大きな役割を演じたということに疑問の余地はありえない。そのうえプロパガンダは、いくらかの国ではすでに行われているように、国家の建設にとって最も重要な道具の一つとなるだろうということは、一般的に認められてきている」[92)]と記している。その動きは、第1次世界大戦後、政治体制の変動が激しかったロシアとドイツで特に顕著に現れた。

## 5-3 思想表現の手段としての映画

### ヴェルトフの『キノ・プラウダ(映画・真実)』

　サドゥールによれば第1次世界大戦末期に十月革命がおこる前に、『イントレランス』はロシアの配給業者に買い取られていたが、上映はされていなかった。偶然発見されたこの映画はソ連映画局によって映写され、クレショフ、エイゼンシュテイン、プドフキンたち映画作家が「グリフィスの意図の重要さを理解し、その真の意義を認めた最初の人たちとなった。」[93]という。

　革命後のロシアで、エイゼンシュテインがモンタージュ理論を唱え、1925年に公開した『戦艦ポチョムキン』で映像による思想の伝播を試みたことは第2章で述べた。サドゥールは、『戦艦ポチョムキン』はある程度まで、「映画風に再現されたニュース映画であった。」[94]と評しているが、本書で示した類型(第4章参照)による分類では、限りなく虚構に近いが、それでもなお「純粋な事実」に基づいて「注意深く再構成された虚構」を有する一種のドキュメンタリーとみなすこともできるだろう。バーナウはエイゼンシュテインが「モンタージュによって作りあげたのは『現実の断片』ではなく、彼自身の強烈なビジョンの断片だった。」[95]と評している。

　同じく革命後のロシアで革命の状況を記録するニュース映画とドキュメンタリーを制作したのが、ジガ・ヴェルトフである。『キノ・プラウダ(映画・真実)』と題された作品は、「プロレタリアートの映画は真実、すなわち有意義な影響を与えるべく組み立てた『現実の断片』に基づくものでなくてはならない」[96]というヴェルトフの主義を端的に表すものだったという。1929年に公開された『カメラを持った男』は、カメラマン自身が画面に登場するなど、さまざまな実験的撮影手法や編集のテクニックが用いられたドキュメンタリーであり、ヴェルトフの思想を表現すると同時に、映像とは何かを改めて考えさせる作品となっている。

## ▣ プロパガンダ（思想宣伝）の発展

　一方、同じく第1次世界大戦の末期に革命がおきて大混乱のさなかにあったドイツで1920年に公開されたロベルト・ヴィーネの『カリガリ博士』は、当時、美術の潮流だった表現主義の影響を受けて制作された。「第一次大戦後のすべてのドイツ映画の原型」[97]ともいわれる『カリガリ博士』の特徴はその特異なミザンセーヌによるセットにある。歪曲した建物や迷路のような街など表現主義の造形によるミザンセーヌが幻想的な雰囲気を醸しだす。この作品は、映画が芸術の領域に達したことを示すと同時に、戦争に敗れた後のドイツ社会における不安を映像が表すことができることをも示した。

　この後、映画は、トーキーの発明によって音声との同期も可能になり、さらに高度な表現形式によって、特定の主義主張を込めた内容を伝えようとする映画が出現し、プロパガンダ（思想宣伝）の道具となっていく。

　イギリス人のジョン・グリアスンは、ニューヨークで『戦艦ポチョムキン』をアメリカの観客向けに改変する仕事をして「エイゼンシュテインの編集技術に精通するようになり」[98]、1927年にイギリスに戻って帝国通商局（EMB）のための映画を制作し始めた。グリアスンは、「かつて教会や学校が持っていた思想や行動に対する影響力を、映画その他の媒体が持つようになっていると感じていた」[99]という。グリアスンのドキュメンタリーはフラハティのそれとは異なって、人間を描くものではなく、社会現象を扱い、「ある視点をはっきり伝える『解説』でまとめられて」[100]おり、社会主義的な思想を映画によって宣伝しようとするものだったといえる。しかし、こうしたドキュメンタリーの政治利用は当時の「世界的な現象であり、時代の産物」[101]となっていた。

　1933年1月、ドイツでアドルフ・ヒトラーが首相に就任した。3月には、国民啓蒙宣伝省が設立され、ゲッベルスがその大臣に就任、以後、ドイツの文化はナチスの支配下におかれていく。

　この時期に活躍したのが、女性映画監督レニ・リーフェンシュタールである。リーフェンシュタールは、ナチスの党大会のドキュメンタリー映画の制作をヒトラーから依頼され、まず『信念の勝利』続いて『意志の勝利』とい

う2本のドキュメンタリー映画を制作した。リーフェンシュタールは自伝（『回想』）に、ヒトラーから制作を頼まれた時、自分は「SAとSSの区別さえつかない」[102]と言って断ろうとしたと記している。SAは突撃隊、SSは親衛隊で、いずれもナチスの機関だが、リーフェンシュタールの言に対し、ヒトラーは、「それで結構。そのほうが本質的な部分が見える。私は退屈な党大会映画や週間ニュースは欲しくない。芸術的な映像ドキュメントを望んでいる」[103]と答えたという。この一節はリーフェンシュタールが自分の理念をヒトラーの言葉を借りて表したものである可能性もあるが、リーフェンシュタールが、党大会のドキュメンタリー制作にあたって、芸術至上主義ともいうべき態度で臨んだことは確かである。

リーフェンシュタールは、170名のスタッフとレールやエレベーターなどさまざまな機材を用いて、あらゆる角度から大会を撮影したという。リーフェンシュタールがとらえた映像は「演出されたものではない」[104]。音として聞こえてくるのは、ヒトラーを始めとするナチスの演説と群衆の喝采、そして音楽である。『意志の勝利』はプロパガンダでありながら、「純粋な現実」に極めて近い映像を用いて制作されたドキュメンタリーとなっている。

## 第2次世界大戦とニュース映画

1939年、ドイツがポーランドに侵攻したことをきっかけに、第2次世界大戦（当初は欧州大戦）が始まった。ドイツは、大勢のカメラマンを戦場に投入した。「プロパガンダ戦隊」と名付けられた撮影部隊が撮影した映像は、まず軍事検閲によって情報収集に使われ、次に政治検閲がおこなわれてプロパガンダとして編集された。

『カリガリからヒトラーへ』の著者、ジークフリート・クラカウアーは、ドイツの戦争ニュース映画の特徴として、現実に忠実であること、上映時間が長いこと、上映までのスピードが重視されたことの三つを挙げている。

それまでの戦争の記録映像といえば、フェイク（つくりもの）を紛れこませるのが当たり前だったが、ドイツのニュース映画（『ドイツ週間ニュース』）は、その常識を覆し、「演出された戦争場面に依存する代わりに、（中

略）戦線で実際に撮影されたショットに限られていた」[105]のである。ポーランドへ侵攻した際には、カメラマンが突撃の瞬間を記録できる位置につくまで、攻撃開始が延期されたといわれている[106]。ナチスはユダヤ人排撃のためのプロパガンダとして劇映画を挿入した「完全な虚構」に近いドキュメンタリーも制作しているが、『ドイツ週間ニュース』がめざした映像は、「純粋な現実」に近い。このことは「完全な虚構」に限らず「純粋な現実」であってもプロパガンダになりうることを示している。

戦争が始まって2年近く後の1941年のことではあるが、ヒトラーは「将来のため戦争のニュース・フィルムを残しておくのは大切なことである。記録として計り知れない価値を持つだろう」[107]と語っている。その言のとおり、ナチス・ドイツは戦争の開始当初から、組織的かつ大規模に戦場の映像を記録に残すシステムをつくったのだ。

イギリスもまた、戦志高揚映画の制作体制を築き上げた。多くのカメラマンを最前線に派遣して密着取材をさせ、戦争記録映像を量産したのである。かつてグリアスンが所属した「中央郵便本局（GPO）映画班は英国映画班(クラウン)になり、戦争映画を撮るのが仕事になった。」[108]。

事態は日本でも同じだった。1939年には映画法が制定され、1940年には、それまで個々にニュース映画を作っていた大毎、東日、朝日、読売、同盟各社のニュース映画部門が統合されて「日本ニュース映画社」が誕生し、1000人を越すスタッフが集められることになった。以後、ニュース映画は厳重な検閲の下で国策に沿って制作されることになる。

## 🎞 ハリウッドと戦争

こうした映画によるプロパガンダを大規模に押し進めたのはアメリカだった。ジョン・フォードを始めとして、フランク・キャプラ、ウィリアム・ワイラーなどの監督たちが次々に戦意高揚のための映画を生み出し、マレーネ・ディートリッヒやオリヴィア・デ・ハヴィランドなどのスターたちが慰問や戦争公債のキャンペーンに動員された。

第3章で述べたジョン・フォード監督の『真珠湾攻撃』もハリウッドが戦

争に協力して制作した映画であるが、フランク・キャプラが監督した『われらはなぜ戦うか』Why We Fight シリーズ（計7本）は、プロパガンダとして「劇的な成功を収めた」[109]といわれている。戦地に向かうアメリカ兵たちの戦意を高揚させたのである。

このシリーズの各作品は、「純粋な現実」と「完全な虚構」の徹底した接合によってできている。敵味方双方のニュース映画から切り取った戦闘の映像に、リーフェンシュタールなどのドキュメンタリーからの抜粋、そして、「解説文にぴったりの現実の映像が見つからないときは、フィクションから探して」きて組み合わせた「奇妙な混合物だった」[110]のだ。

ハリウッドが制作したプロパガンタの究極の姿を示すのは、戦争中に制作された『汝の敵　日本を知れ』Know Your Enemy: Japan（監督はフランク・キャプラとヨリス・イヴェンス）であろう。『真珠湾攻撃』の場合はまだ記録に基づいて再現したといえるが、『汝の敵　日本を知れ』は、日本と日本人に対する「ステレオタイプ満載で、当時ですらこれはいささか信じがたいと見られていた」[111]固定観念を映像化するものになっている。ニュース、ドラマ、ドキュメンタリーのあらゆる素材をモンタージュし、対象を撮影することなく対象を描いたドキュメンタリー、それが『汝の敵　日本を知れ』である。

1945年、第2次世界大戦が終結した後、一転してアメリカとソ連との対立が厳しさを増してくると、両陣営のあいだのプロパガンダ合戦も激しくなった。

東西両陣営がこの当時制作したニュース映画には、東側では『これがアメリカだ』、『タクシーガールズ』、『カメラが見た君達』、西側では『ふたつの都市』といった作品がある。両者を比較すると、東側の映画は、西側の文化的頽廃を攻撃する一方、西側は東側に対する経済的優位を強調しているという違いがある。しかし、どちらの陣営の映画にも共通していることがある。それは、映像に付せられた饒舌なナレーションである。

東西の対立が激化するにつれ、アメリカでは赤狩りの嵐が吹き荒れはじめ、反共産主義宣伝がしきりにおこなわれるようになった。その嵐はハリウッド

をも襲い、ゲイリー・クーパーなどのスターたちが公聴会に呼び出されて喚問を受けた。

戦争中にプロパガンダ映画生産の都となったハリウッドが、プロパガンダによる攻撃の対象となり、アメリカ映画界は大きな打撃をこうむることになったのである。

### 5-4 映像コンテンツの記録性とその意義

#### ▶ ホーム・ムービーの価値

1930年代以降、撮影機材の小型化とフィルムの大量生産は、プロの映画監督やドキュメンタリー作家ではなく、アマチュアの市民や兵士が撮影する小型映画の普及をもたらした。その多くはリュミエールが撮影した草創期の映画と同じく純粋な現実を写し取ったものとなっており、今日では貴重な歴史の記録となっている。

たとえば、1943年に南フランスのオラドゥール村の平和な日曜日を写したホーム・ムービーの映像が残されている。町を散策する人びとやピクニックのようす、こどもたちが遊ぶ姿を写した何気ない映像である。そのおよそ1年後、ドイツ軍によって村は破壊され、村民の多くが虐殺されて、ホーム・ムービーに映っていた光景は二度と見られないものとなった。そして、村の1日を写した何気ない映像が平和の尊さと戦争の残虐さを如実に表すものとなったのである。

ユダヤ人迫害の模様を記録したホーム・ムービーもある。1941年にシュトゥットガルトで起きた事件の映像が、ナチス将校が所有するホーム・ムービーに記録されていたのである。この映像はナチスの戦争犯罪を裁くニュルンベルク裁判で使用された[112]。

ワルシャワにあったユダヤ人ゲットーを襲撃する時の映像は、ナチスが自ら記録したものである。ナチスは、ユダヤ人を貶めるためのプロパガンダとして多くの映画を制作したが、それらは迫害の実態を後世に知らしめる重要な記録となっている。

## 📽 歴史の証拠としての映像コンテンツ

　1945 年 8 月、アメリカは、広島と長崎に原子爆弾を投下した。そして、戦争終了直後に広島、長崎を始めとする日本各地の映像を膨大に記録した。それらの映像は、本来、アメリカ軍による爆撃の威力を研究し軍事目的に利用するためのものだったが、今日では、原子爆弾の非人道性をまざまざと示す記録となっている。

　リーフェンシュタールが監督した『意志の勝利』はナチスを讃えるためのプロパガンダとして制作されたが、ドイツに敵対する国々のプロパガンダ映画にも流用され、反ナチスのプロパガンダともなった。ひとつの映像は、その用いられ方次第でどのような目的にも使用されうるのである。

　ただし、バーナウが指摘するように、「リーフェンシュタールのカメラは嘘をついていない。」[113] その映像は「純粋な現実」であるがゆえに、プロパガンダとしての注釈を剝ぎ取ってもなお、ヒトラーとナチス・ドイツの実態を物言わずして知らしめる「背筋が凍りつくほどの力」[114] を有している。

　映画は撮影する際に、アングルやショットの大きさ、撮影対象そのものを選択しなければならないために、必然的に撮影者の意図が投影される。そして、それが編集される時には、時間と空間を操作することが可能である。したがって、あらゆる映像はプロパガンダになりうるといえる。バーナウは、次のように述べている。

> 　ドキュメンタリー、というより映画全般、あるいはどんな種類のコミュニケーションでも、プロパガンダでないと言えるものなど想像もできない。（中略）
> 　プロパガンダとして強力で説得力があるのは、むしろ一般向けのフィクションのほうだ。まさにそうでないもの、つまり娯楽として受け止められるからである。[115]

　プロパガンダ（のはず）が真実を映し出すという点で、第 2 次大戦前後における映画とプロパガンダの発展は、映像メディアが持つ特質を鮮明に表し

ているといえる。あらゆる映像はプロパガンダになりうるとすれば、映像に携わるものは、何が「純粋な現実」で何が「完全な虚構」であるかについて、より鋭敏でなければならないだろう。「純粋な現実」は、たとえプロパガンダとして用いられたものであっても、やがて時を超え、歴史の証拠となるからである。

　映画は「純粋な現実」を映すものとして始まったが、やがて「完全な虚構」を現実らしく見せる術を発達させ、「純粋な現実」に「完全な虚構」を接合して、強力なプロパガンダの道具となった。映画を武器としたプロパガンダ戦争は東西冷戦で頂点に達しようとしていたが、まさにそのさなかに、映画よりもはるかに多くの人びとに映像を伝播するメディアが登場した。テレビである。

**さらに知識を広げ理解を深めるために──参考図書**

　ジョルジュ・サドゥール『世界映画史』（みすず書房，1980）は、映画史の古典である。その記述は多くの資料と取材に基づいており、映画史に対して新たな解釈を試みたり、新たな資料をもって論じようとしたりする場合にも、目を通しておくべき書物であろう。サドゥールには、さらに詳細な『世界映画全史』もある。

# 映像メディアの第2階層＝テレビ

## 6-1 テレビにおけるコンテンツの二つの型——ストックとフロー

### 📺 実況中継とテレビの本質

第1章で示した通り、テレビは19世紀に構想されていた。

1911年にはロシアでテレビ送信が公開され、1926年には日本の高柳健次郎がブラウン管テレビを開発、1935年にはドイツでテレビ定時放送が開始されている[116]。1936年11月にはイギリスでBBC（英国放送協会）がテレビの公開放送を開始[117]した。そして、日本でも1939年にテレビの公開実験がおこなわれた。

このようにして世界各国で進められていたテレビの開発は、その後、第2次世界大戦のために停滞するが、戦後急速に普及が進み、1950年代以降、映画を凌駕するにいたったことは第1章に記したとおりである。

テレビが映画を圧倒した理由は、映画にはなかった同時性と、映画よりはるかに多くの人びとに映像を届けることのできるスケールの大きさだった。1966年に刊行されたTelevision — A World View（日本語訳は1968年『世界のテレビジョン』）には、テレビは「かつてハリウッドが一週間かかって到達したよりも広範な世界視聴者にわずか一日で到達する。さらに、テレビはフィクション・ドラマだけではなく、なまの現実を提供する。」[118]と記されている。

テレビは、映像メディアの第2階層に位置し、映画をコンテンツとして包含すると同時に、映画とは断絶し、映画には無い独自のコンテンツを有する。それが上の記述にある「なまの現実」の提供すなわち「実況中継」である。イタリアの記号学者ウンベルト・エーコはその著書『開かれた作品』において「出来事の実況放送こそ」が、「テレビという媒体のみがもつ特異きわま

りない伝達形式」[119]であると記している。

　実況中継すなわち現実に起きていることを同時に伝えることこそが、映画とテレビの決定的な差異であるといえる。

　実況中継の題材には、スポーツの試合、音楽会、演劇、寄席などの芸能、式典や集会、事件や事故など現実に起きているあらゆることが含まれうるが、これらのことを瞬時に伝えることは、フィルムの現像を必要としていた映画には不可能だった。テレビが登場する前にこれらのことを同時に伝える役割は、20世紀前半に普及したラジオが担っていた。しかし、ラジオでは音声しか伝えることができない。テレビが登場して初めて、人類は動く映像をリアルタイムで視聴することができるようになったのである。

　ジョン・フィスクはその著書『テレビジョンカルチャー』で、次のように述べている。

> 　映画が何が起きたかについての記録として自己を呈示するのに対して、テレビジョンは今起きていることの中継として自らを呈示する。（中略）連続ドラマやホームコメディのような安価なドラマは、通常、スタジオの中の数台のカメラによって撮影され、ポストプロダクション・エディティングという作業がない。つまりテレビジョンのなかで一つの行為を演じる際の時間と、「現実の生活」のなかで演じられる行為の時間とが正確に一致する。演じられる間の「断絶した時間」（dead time）はそのまま流され、編集されることはないのである。この作品制作者側の（編集上の）介入の欠如が、現実性の感覚を、すなわちカメラはただ単に生成した出来事を記録しているだけだという感覚を付与するのである。またさらに、そのことが、今実際にそれが起きており、テレビジョンで映し出されているその時間と視聴者が生活している「実際の」時間との間に完全な一致があるという感覚や、その場に居るような臨場感を鋭敏に付与するのである。なんといっても、スポーツ番組が典型であるが、テレビジョンは「同時性」という特徴をもっているのだ。[120]

## 🎬 過去と現在を表す、ストックとフロー

　テレビは映画をコンテンツとして包含してもいるから、その中に、同時性を持たないコンテンツすなわち映画と、同時性を持つコンテンツすなわち実況中継の2種類のコンテンツを有していることになる。日本におけるテレビ番組の制作現場では前者はストック系コンテンツ、後者はフロー系コンテンツと呼ばれることもある。

　第1章で映像メディアの階層構造を示した。第2階層にあたるテレビは、第1階層の映画に同時性を持つコンテンツ群を併せたメディアとして定義したが、映画をストック系コンテンツ、同時性を持つコンテンツをフロー系コンテンツととらえ直した場合、その階層構造は図24のようになる。

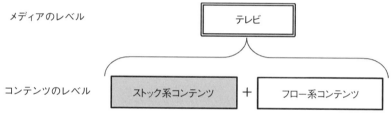

図24　テレビにおけるコンテンツと階層構造

　フロー系のコンテンツには実況中継だけでなく、スタジオからの生放送によるニュース番組や芸能番組なども含まれる。こうしたニュース番組や芸能番組などには、予め編集されて一つのパッケージ（フィルムやVTR）となった企画や小規模なドキュメンタリー、資料映像も番組の一部分として使われることがある。この場合、フロー系コンテンツにストック系コンテンツが挿入されていることになる。フロー系コンテンツはストック系コンテンツをそのうちに含みうるという点でも映画にはなかったテレビならではのコンテンツであるといえる。

　テレビの草創期においては、ビデオテープレコーダーは普及にはほど遠かった。したがって、ストック系のコンテンツはフィルムに記録されているもの、すなわち映画と同義であった。フィルムは現像を必要とするため、そ

こに記録された映像は原理的に過去のもの（フィスクの言い方では「何が起きたかの記録」）となる。一方、実況中継は物事を同時に伝えるのであるから、原理的に現在のもの（フィスクの言い方では「いま起きていることの中継」）である。テレビが有する2種のコンテンツは、一つを過去、もう一つを現在ということもできる。

### 放送と編集の同時進行

　しかし、テレビの実況中継における同時性の本質は時間的な同時性とは異なるところにある。先の引用においてフィスクは、テレビでは「編集されることはない」と記していたが、それは、映画におけるような形態での編集、すなわち、撮影の後、現像を経た後の編集がおこなわれることはないということを意味している。ところが、テレビの実況中継では事後的な編集は原理的に不可能だが、撮影（放送）と同時の編集はおこなわれるとも考えられるのである。この意味で、実況中継における同時性とは、撮影と編集の同時性であるといえる。すなわち、映画では撮影の後、現像を経て、編集がおこなわれるという明白な時間差および手順の前後があるのに対して、テレビの実況中継においては、撮影と編集が同時におこなわれるということである。このことについて、イタリアの記号学者ウンベルト・エーコは、その著書『開かれた作品』において、次のように述べている。

　　ある出来事が発生と同一の瞬間に撮影され放送されることによって、われわれはモンタージュと相対することになるということがある（ここでモンタージュというのは、周知のように出来事は三台以上のテレビカメラを使って撮影されるやすぐさま、最もふさわしいと判断される画像が放送されるからである）。このモンタージュは撮影され合成された事実と同時的な即興的モンタージュである。撮影・モンタージュ・放映という、映画製作でははっきりと区別されそれぞれに固有の特徴を有する三つの段階が、ここでは一つのものとなっている。その結果、すでに述べたように現実の時間とテレビの時間の同一化が起こるわけである。し

かも物語のいかなる便法も、撮影された出来事の自律的な持続時間を短縮しえないのである。[121]

　エーコがここで使っているモンタージュという語は、広義の「編集」の意であり、ここに記されている3台以上のテレビカメラを切り替えて映像を選び、即時に編集しながら送出する作業は、通常、スイッチングと呼ばれる。
　エーコの指摘のうち、重要であるのは、最後の一節である。ここでエーコがいう「物語のいかなる便法も、撮影された出来事の自律的な持続時間を短縮しえない」とは、テレビの実況中継ではコンテンツに時間操作を加えることはできないということを意味する。
　映画では、「文法」を遵守して撮影し編集すれば、時間の断片である複数のショットを、現実における一つの時間の流れとして、観客に不自然さを感じさせることなく再現することが可能だった。こうした編集の技法の延長上に、時間を短縮してA地点からB地点への移動を表したり（たとえば祭りの撮影における2地点間の移動のように）、あるいは、時間を重複させて（たとえば『国民の創生』における並行編集のように）実際の時間とは異なる時間の長さをもって、現実を再構成することが可能だった。
　テレビの実況中継では、これらのことは原理的に不可能である。祭りの山車がA地点を通過した後、ただちに、距離的に離れたB地点を同じ山車が通過する光景を映し出すことはできない。A地点からB地点まで山車が移動するのに10分かかるとしたら、その10分間、山車のいないB地点の様子を映し出し（あるいはどこか他の場所を映し）て、山車が来るのを待っていなければならない。
　テレビの実況中継、すなわちフロー系のコンテンツにおいては、映画すなわちストック系のコンテンツにおいては可能だった時間順序の入換もできない。ドキュメンタリー映画で用いられるような、先に撮影したアップのショットを、後から撮ったロングの前につなげる（そして、なおかつ現実感を醸成する）というようなことは不可能である。
　実況中継の本質は、映画のように再構成すなわち時間順序の入換がされな

い、あるいは再構成している余裕がない、という点に存する。同時中継はしばしば「生（LIVE）」と呼ばれることがあるが、「生」という語が「加工されていない」という意味で用いられているとすれば、まさしく実況中継の本質を言い当てた語であるといえる。

これまで述べてきたことから、実況中継は、現実の時間そのものの伝送であるために、スイッチングの結果、たとえ、空間上のつながりの上で、方向の一致や目線の一致や位置の一致が崩れたり、想定線が越えられたりしても、やはり現実そのものの伝送であることに変わりは無い、という特質も併せ持つことになる。したがって、テレビの実況中継においては、想定線など「文法」の遵守を意図的におこなわなくても、その現実性を揺るがすことにはならないと考えられる。

### 同時性によるコンテンツの分断

一方、テレビが持つ同時性は、映画にはない制約を制作者に課す。

映画の場合もテレビの場合も事前にシナリオ（台本）によって、構成を設計する。劇映画やドラマの場合は、完全な虚構であるから、通常は、この設計に沿って、撮影と編集が進行し、設計が修整されることはあっても、制作者の意図を反映させることは（能力や経験による出来不出来はあっても）容易である。ドキュメンタリー映画の場合は、予想外の出来事によって計画通りにいかないことが判明しても、その時点で計画を修整することを繰り返しながら、結果的に制作者の意図を反映させることができる。ニュース映画は映像そのものに制作者の意図は反映できないが、東西冷戦におけるプロパガンダ映画の例のように、ナレーション（コメント）を後から付加することによって映像の意味を操作することは可能であり、全体として制作者の意図を反映させることができる。このように映画において制作者の意図を反映させることが可能になるのは、映画の映像が原理的に過去のものであり、フィルムという記録媒体に固着されているため、事後に編集による操作を加えることができるからである。

これに対し、テレビにおける実況中継の場合は、事後に操作を加えること

は不可能である。スポーツの中継が途中で打ち切られると、視聴者は大きなフラストレーションを感じる。それは、それまで現前していた流れが、突然断ち切られることによるショックとみなすことができる。

この点でテレビは、同時性によるコンテンツの分断に常に脅かされているといえる。

## 6-2 テレビの同時性と記録の問題

### テレビにおけるコンテンツの分類

先に紹介した『開かれた作品』でテレビにおける実況中継の特質を指摘したエーコは、別の論文「失われた透明性」において、テレビのコンテンツを二つのジャンルに分けている[122]。一つは情報番組、もう一つは想像あるいはフィクション番組である。ただし、これは、番組の内容による分類であって、第3章において示したような、純粋な現実で構成されるか完全な虚構で構成されるかといったような形式に基づく類別とは異なる。

エーコの分類をまとめると表8のようになる。

表8　ウンベルト・エーコによるテレビ番組の分類

|  | 情報番組 | 想像・フィクション番組 |
|---|---|---|
| 対象とする出来事 | テレビとは独立に起きる出来事を扱う | 現実とはみなされないフィクションを扱う |
| 目的 | 「正確に」情報を伝えることが前提 | 視聴者は、「気晴らし」として信用の中断をおこなう |
| 主なコンテンツ | イベント、スポーツ、文化、天気予報など | ドラマ、コメディ、テレビ映画など |
| 番組の意義 | 番組は政治的重要性を持つ | 番組は文化的重要性を持つ |

形式による類別において、相互の混淆と重畳が可能だったように、上記のような内容に基づく分類においても、相互の混淆と重畳が可能である。そして、それはストック系コンテンツにおいてもフロー系コンテンツにおいても

同様に起こりうる。たとえば、ストック系の情報番組の一部にドラマによる再現のシーンが挿入されたり、フロー系のコメディ番組の中に情報コーナーが設けられたりする場合がある。あるいは、ストック系のドラマ番組の中に情報番組の一部であるイベントの資料映像が用いられたり、フロー系の文化番組の一コーナーでコメディによる寸劇が演じられたりする場合がある。

以上は、番組の中に別の番組が包含される形での類型の混淆である。その場合、包含された番組は包含する番組の一部分となって、その構成要素となる。そして全体として包含する上位番組の性質を持つ。ドキュメンタリーがドラマを包含すれば全体としてドキュメンタリーの性質を帯びるし、ドラマがニュースを包含すれば全体としてドラマとして扱われる。こうした包含はテレビでも映画でも起こりうる。

### ▣ テレビにおけるコンテンツの越境

一方、テレビが有する同時性は、映画では起こり得ない形でのコンテンツの混淆や越境を発生させる。

たとえば、ドラマ番組の放送中に重大事件や事故の発生を伝える速報スーパーが上乗せされる場合、あるいは、ドラマ番組そのものを中断して臨時ニュースが放送される場合、速報スーパーや臨時ニュースはドラマ番組の要素となるわけではない。

映像メディアの第1階層である映画においては、類別の混淆は、コンテンツのレベルにおいて生じるものだった。映像メディアの第2階層であるテレビにおいては、個々のコンテンツを超えたレベルすなわち編成において、類別の混淆や越境が生じる。多くの場合、それは、一つのコンテンツへの外部からの現実の闖入（ちんにゅう）という形を取る。映画であれば、こうした闖入は生じない。いずれのコンテンツも過去の記録であって、それを制作者が自在に切り貼りして相互に馴染（なじ）ませることが可能だからである。ところが、テレビがメディアの本質として持つ同時性は、こうした切り貼りによる馴染ませを許さない。事件や事故は現在放送中のコンテンツと同時に発生し、その同時性とは、時間順序の入換や編集による継ぎ目の加工を許さないものであるがゆえ

に、その時間に放送中のコンテンツを分断し、そのコンテンツとは異質のものとして存在することになる。

したがって、テレビにおける同時性とは、図25に示すように、コンテンツのレベルとメディアのレベルそれぞれに存在する二重構造を持っていることになる。

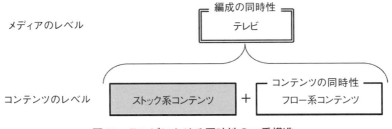

図25　テレビにおける同時性の二重構造

### ▶ テレビにおける記録の2段階

これまで述べたところからテレビにおける同時性が映画との決定的な差異をもたらすことは明らかになったが、この同時性という特質は、映画とは異なるテレビ番組の記録の問題をも生起する。

映画は現像を伴う以上、たとえ同時代の事象を写したとしても、過去の記録となる。それは自動的に保存性を有することになる。その保存の難易度や状態の程度は別にしても、また、フィルムが可燃性である上、時と共に劣化し、褪色することによって、多くの映画が失われたり、修復不能になったりしているとしても、原理的に保存が可能なメディアである。

ところが、テレビの実況中継や生放送番組は、ビデオテープレコーダーが実用化されるまではコンテンツを記録し保存することができなかった。もちろん、そのコンテンツのうちストック系のものは、テレビでの放送用に制作されたものであっても、元来がフィルムで撮影された映画であるから保存可能であり、記録として残されている。テレビ初期のテレビ番組で後世に残っているものは、そのほとんどがストック系の番組でありテレビ用の劇映画やドキュメンタリー映画である。フロー系の番組、たとえば、初期のスタジオ

番組などで後世に残されたものは、キネコと呼ばれる方法によって、放送中のテレビ画面をフィルム・カメラで撮影したものである。したがってフィルムによって記録されており、その本質は映画と変わりが無い。

その後、ビデオテープによる記録が実用化されたが、当初はビデオテープが高価だったこと、また、フロー系の番組はその同時性にこそ本来の目的があったことなどから、後に残すという意識が希薄だった。したがって、再放送用に一旦は記録されたものの、同じビデオテープを他の番組の録画に転用するためにすぐに消去されてしまうことが多かった。

稀に、放送局には保存されていない番組が、一般の家庭や施設などで民生用のビデオテープレコーダーによって記録され、保存されていることがある。また、こうした番組の記録を発掘する試みもおこなわれている。

これらの番組を録画したビデオテープは貴重な記録であるが、そのテープを再生した時にテレビならではの同時性が発現することがある。たとえば、あるドラマ番組のオンエア（放送）を録画した場合、そのドラマの途中に、速報スーパーが上乗せされていることがある。こうした、いうなれば異物の混入は映画の保存ではありえないが、テレビを番組ではなく放送として記録した場合には、そのまま保存される。このことは、テレビにおける記録とは番組そのものだけでなく、その上位概念としての編成をも含むことで十全なものとなることを示している。そしてまた、映画と異なるテレビの本質は、個々のコンテンツ（テレビ番組）だけでなく、その編成（同時性と現在性を示すもの）にあるといえることをも示している。したがって、テレビメディアの記録は、図26に示すように、コンテンツ段階（ストック系コンテンツ

図26　テレビにおける記録の2段階

第6章　映像メディアの第2階層＝テレビ　　95

の段階）とメディア段階（フロー系コンテンツを含めた編成の段階）の2度に渡っておこなわれることになる。

　放送前に事前収録がおこなわれた時点で、そのコンテンツはストック系となるが、放送の直前まで内容に手を加える（編集する）ことが可能である。これに対して放送時におこなわれる同時録画では編集ができない。事後においては編集ができるが、記録保持の観点から、してはならないといえる。再放送に備えた手直しがおこなわれるとすれば、それはストック系コンテンツのレベルにおいてということになる。

　ビデオテープレコーダーが普及した後は、放送局においては、ほとんどの番組が記録として残されるようになった。しかし、番組を収録または放送時にビデオテープに記録しておくというだけでは、媒体がフィルムからビデオテープに（現在では動画ファイルとしてハードディスクなどの記憶装置に）代わっただけで、本質は映画の保存と変わりは無い。映像メディアとしてのテレビが持つ同時性を記録するには、放送される番組を24時間同時録画しておくことが必要になる。放送局では、放送する番組を常に録画し保存しておくこともおこなわれるようになった。

　テレビを記録し保存することとは、コンテンツのみでなく、その編成——いつ何がどのようにして放送されたか、を記録し保存することでもある。

　放送の記録は、番組確定表と呼ばれる資料に残されている。映像が残されていない場合でも、確定表には、実際に放送されたコンテンツの情報（題目や出演者など）が時系列にしたがって記録されており、突発的な事件や事故による中断や番組の差し替えも含めて、放送の痕跡を辿ることができる。コンテンツ自体は残っていなくても、その痕跡は残されているのである。そして、その痕跡は生物の化石と同様に重要な資料的価値を持つ。

　この痕跡を辿ることによって、その時、その時代に何がどのように放送されたのか、あるいはされなかったのか。そして、社会にどのような影響を与えたと考えられるのか。それらの事を探求し、時代の文脈の中にとらえ直すことが可能になる。

　以上、本節では、映画とテレビの決定的な違いである同時性とテレビの記

録を保存するあり方について述べた。

映画とテレビの決定的な違いはもう一つある。それらが上映（放送）され、視聴される場所の違い、すなわち、映画館と家庭（初期のテレビの場合、多くは家庭の居間）という違いである。そして、この視聴環境の違いがテレビにおけるもう一つの特性である、日常性を生起する。

次節では、テレビの日常性がもたらすテレビメディア特有の現象について述べる。

## 6-3 テレビの日常性、直接性、受動性

### 「第5の壁」

第5章第1節で述べた通り、映画はリュミエールが映写装置を開発することによって、多数の人に同時にコンテンツを提供することが可能になったが、その上映は、通常、映画館などの公共の場でおこなわれた。

これに対し、テレビが登場した時、その受像機は、通常、家庭の居間に設置された。日本では当初、街頭や喫茶店にテレビが置かれたが、これは宣伝や客寄せのためである。この結果、テレビが伝播する映像は、直接に人々の日常生活の中に入りこむことになった。「第5の壁」といわれた[123]ようにテレビ受像機は、家庭の空間の一部分となった。

映画を鑑賞する場合は、映画館またはそれに類似した場所に行き、暗がりの中に身を潜めるという行為が必要になる。その行為は日常生活からは切断された、非日常のものである。

一方、テレビは、映画館に行くという特別の行為をすることなく、日常生活の中のどの瞬間においてもコンテンツを享受することができる。しかも、その同時性ゆえに、臨時ニュースやコマーシャルによって、コンテンツは常に断ち切られる可能性を抱えている。あるいは断ち切られることがなくても、間断なく番組が編成されているため、映画館でスクリーンに幕が下ろされた時のように余韻に浸ることなく、次のコンテンツが始まる。メロドラマの次にコマーシャルを挟んだ後、寄席演芸が放送されることも頻繁に起こる。視

聴者は、映画を見ている時のように夢に浸り続けていることはできず、常に現実に引き戻され、現実と共にある。

### ▶ 画面を越えて話しかけてくる者

　テレビには、映画ではあまり見られない、テレビ特有の目線の方向がある。それは、カメラに正対する目線である[124]。

　劇映画では、通常、登場人物は画面に向かって語りかけることはしない。観客は、画面の中で生じる出来事を外の世界の出来事として覗き見る。登場人物たちは会話をする時、互いに向かい合っている。そして、この場合は、想定線は二人の人物の間に発生し、人物たちは目線の方向を相手に向ける。

　ところが、テレビでは、ドラマや一部のドキュメンタリーを除いて、スタジオにいる人物（多くの場合、アナウンサーや司会者）が、正面からカメラに向かって話しかけてくる。その場合、人物の話は映画とは違って、画面の枠を越えてカメラのこちら側にいる者に向かってくるのである。この時、話者の目線は視聴者の目線と相対する。話者が目線の方向をそらし、直接カメラを見ずに斜めを向いて視聴者に話しかけると、どこかあらぬ方、誰もいない虚空に向かって話しかけているようにみえる。

　このことに関してウンベルト・エーコは、次のように記している。

　　　一般的に言って、テレビではカメラを見ながら話す人（アナウンサーや、1人でしゃべる芸人、バラエティやクイズの司会者）は、自らを表現している。それに対して、カメラを見ずに話す人（フィクションの人物を演じる俳優）は他の誰かを表している。（中略）

　　　俳優がカメラを見ないのは、まさにその振る舞いがテレビ（あるいは劇や映画）の外側の実世界の一部であるかのような現実の幻想を作り出したいからである。（中略）

　　　ところが、カメラを覗き込む人物の場合はまったく違う。視聴者をまっすぐ見据えることで、その人物は視聴者に向かって、テレビを通して話しかけている相手が、まさにその視聴者なのだと言っているのだ。

(中略)「私は想像上の人物なのではなく、私は本当にそこにおり、私が話しかけているのは本当にあなたに向かってなのだ」と視聴者に伝えているわけだ。[125]

　劇映画における登場人物たちの会話は外の世界で観客とは直接の関係を持たずにおこなわれているものと想定されるのに対し、テレビにおける語りかけは、話の内容が、何がしか視聴者の現実の生活と関わりを持つことを示す。テレビにおける、コンテンツの日常生活への割り込みは、常に受像機が居間に置かれて生活と共にあるという物理的な状態として生起するだけでなく、その内容が常に視聴者と関わりを持とうする点においても生起する。
　テレビが持つもう一つの特質は、イギリスの研究者パトリック・バーワイズとアンドルー・エーレンバーグが、その著書『テレビ視聴の構造』において規定する[126]ように、視聴者にとっては受動的活動であることである。多くの場合、視聴者は受け身の立場でテレビからの情報に接する。

## 発話内容か発話行為か

　こうしてテレビのコンテンツが、日常的かつ直接的かつ受動的に、日々の生活の中に入り込んでくる時、日常の感覚とテレビのコンテンツに描かれた内容の間にずれが生じ、送り手が意図したものとは違うものを受け手が見て取るという現象が生じる。その例を以下に示す。
　前章で述べたように映画の都ハリウッドは赤狩りによって打撃を受けたが、赤狩りの中心人物だったマッカーシーが失脚する要因の一つは、映画の次のメディアであるテレビによってもたらされた。
　マッカーシーの権力の絶頂は、1950年から53年にかけて続いたが、転落は、1954年、ジャーナリストのエド・マローがCBSテレビでキャンペーンをおこなったことによってもたらされた。この時、エド・マローはSee It Nowという番組でマッカーシーがおこなった聴聞会の映像を放送した。マッカーシーが話す様子が、そのまま直接、全米の家庭の居間に流れこんできた。視聴者はこの時、マッカーシーの話の内容ではなく、話す態度に反応

した。そして、「全国民が彼の殺人者的な顔を大写しで眺め、嫌悪を感じた」[127)]のである。「ロッド・スタイガーは家族とともにこの聴聞会のテレビ中継を見ていたが、そのうちに母が祖母にむかって『この人はひどい人だわ』といったのを聞いて、マッカーシーももうこれで終わりだと思った」[128)]という。

　テレビにおいては、往々にして発話内容すなわち話者が語った内容ではなく、発話者（の態度や人格）および発話行為（話の仕方）に関心が向けられる。その例をもう一つ挙げる。

　1960年におこなわれた大統領選挙における、ジョン・F・ケネディとニクソンのテレビ討論である。選挙後におこなわれた調査の中には、このテレビ討論がケネディの勝利に影響したという結果が出ている[129)]ものもある。エリック・バーナウによれば、このテレビ討論において、両者の優劣を決したのは、それぞれの話の内容ではなく、両者の顔色や態度だったという。二人の論者の表情や語り方は互いのショットを交互に映す切り返しによって、対比的に視聴者に示された。「第一回のテレビ討論はニクソンの惨敗であった。それは発言の内容とはあまり関係がなかった。両方ともほとんど型どおりの選挙スローガンを並べたのである。（中略）テレビの視聴者がもっぱら受けとめたのは、若いケネディのなかからあふれでる信頼感と精神的機敏さであった。それは、内輪なゼスチュアでかえって強められたキビキビした発言からもうかがえたが、また黙っているときの態度にも出ていた」[130)]のである。

　テレビにおいては、発話内容よりも発話行為のほうが強い力を持ちうるということは、この時の討論を「ラジオで聞いた人びとには、ニクソンが対等に勝負をしたと思えた。テレビでだけ彼は敗北したのである」[131)]ということからも裏付けられる。

## ベトナム戦争とテレビ

　テレビが日常の中に分け入ってコンテンツを伝播することは、送り手の意図しない効果を受け手に与えるという点でも、映画とは異なっている。その

例を次に挙げる。

1964年からアメリカが本格的な介入を始めたベトナム戦争は「記者が定期的検閲を義務とされなかった最初の戦争」[132]だった。エリック・バーナウは「この戦争は、爆弾とブービートラップによって戦われただけではなく、ドキュメンタリーによっても戦われた」[133]と記しているが、戦場の様子を写した映像は、テレビのニュースやドキュメンタリーで逐一、全米の家庭に伝播された。これらの映像は、共産主義に対して勇敢に戦うアメリカ軍将兵の姿を伝えるためのものだったはずだが、テレビで映像を観たアメリカ人たちは大きな衝撃を受け、やがて広範なベトナム戦争反対運動が巻き起こった。

第2次世界大戦において、映画館で戦争に関するニュース映画やドキュメンタリーを観る時は、観客は戦争を外の世界の出来事として見ていた。それに対して、テレビに映し出されたベトナム戦争の凄惨（せいさん）な光景は、家庭の居間に直接投げこまれたため、自らに関係のあることとして受け止められる一方、一家団欒には馴染まない異物として、強烈な拒絶反応を呼んだのである。

テレビは、映画館という限られた場所に集まる人びとだけにではなく、はるかに多くの人びとに同時にコンテンツを伝播する。それらの人びとは、映画のように予め見せられるものが何かを知っていて自らそれを見ようとしているわけではない場合もある。そこには、「視聴者とテレビとのきわめて特殊な伝達関係」が存在し、テレビの視聴者は「数の上からみてもまた質的にもほかの上演物の観客とは異なる存在体に編成された受け手」[134]なのである。

エリック・バーナウは、テレビが戦争をお茶の間に持ちこんだことは事実であり、その映像が早く戦争が終わってほしいという気持ちを芽生えさせたのは事実だと述べた上で、それらの映像が「戦争を日常風景に変え、一方的な視点で描くことで戦争を支持していたことも事実である」[135]と述べている。送り手の意図は戦争支持だったのにも関わらず、受け手の反応は戦争拒否だったのである。

送り手の側からすれば、テレビの場合、映画のように送り手の反応を映画館での先行上映や封切り後の館内の様子によって知るということはできない。コンテンツは、送り手からは見えない受け手に向かって一斉にかつ同時に発

信されるために、その反応も即座にかつ一斉に発生することになる。

　この点で、テレビは、再び同時性というそのメディアとしての本質に立ち返る。受け手の反応が予測できない場合、送り手の側は、何を送るかを慎重に判断しなければならない。すなわち、何を見せるか見せないかが、編成によって決定されることになる。

## 6-4 テレビが映し出すものと映し出さないもの

### 同時性のパラドックス

　1963年、テレビの同時性を象徴する大事件が発生した。J・F・ケネディ大統領の暗殺である。ケネディはダラス市内でのパレードの途中で暗殺された。その瞬間は、フィルムに記録されてはいるが、同時中継はされていない。中継用のテレビカメラは、ダラス空港と市内の昼食会場には置かれていたが、パレードがおこなわれる沿道には置かれていなかった。パレードは中継の予定がなかったからだという。一方、その後、逮捕された容疑者がテレビカメラの前で射殺される瞬間は、思いがけず同時中継された。

　これらの出来事は、テレビが持つ同時性の威力と同時に、その限界も示している。いかに同時性を誇っても、その場にカメラが置かれていなければ決定的瞬間は放送できず、カメラが置かれていて中継されていれば、予想もしなかった出来事が放送されることになる。ここにテレビが持つ同時性のパラドックスがある。同時であるがゆえにそこにカメラが置かれていないと何も映せない、すなわち、何も起こらなかったことになる。

　この同時性がもたらす出来事の制御不能性は、前節で述べた日常性が醸成する視聴者の制御不能性と相まって、テレビをプロパガンダの道具としては、いささか使い勝手が悪いものとする要因を孕んでいる。

　そこで、送り手の側で採りうる方策には二つの可能性がある。一つは事前の「仕込み」である。もう一つは「映さない」ことである。「仕込み」は主として出来事の制御不能性に対応する。「映さない」ことは主として視聴者の制御不能性に対応する。

## 🎬 事前の「仕込み」と月面着陸

　テレビの実況中継は常に同時性の制約のもとにある。映画のドキュメンタリーにおいて、ふだんやっていることをカメラの前で「演じて」もらう再現という手法があるが、テレビの実況中継においても、事前にふだんやっていることをカメラの前で再現してくれるように依頼しておくことはある。日本語では通常、「仕込み」と呼ばれる手法である。

　実況中継であるにも関わらず、あたかも録画されたストック系のコンテンツであるかのような整然とした構成の番組が放送されるのは、この事前の依頼（仕込み）によって台本通りに進行した結果である可能性がある。中継がより洗練された仕方で放送される場合には、ハプニングを仕組んでおいたり、全体に支障をきたさない程度の（結末まできちんと放送時間内に収められる程度の）不確実性を残しておいたりする手法が採用される。

　これらの例は、日常生活の風物を中継するような平穏な出来事の場合である。では、再現や仕込みができない出来事の場合はどうするか。この場合は、カメラの前で物事が起こるように設えるという形での「仕込み」がおこなわれる。いわゆるやらせとは異なるが、予め、イベントにテレビ中継がセッティングされ、出来事がカメラの前でカメラ映りがよいように進行するように、事前の演出が施されるのである。

　ウンベルト・エーコはこうした事前の演出について、イギリス皇太子の結婚式を例に挙げて、その論文「失われた透明性」に記している。そこでは、ディレクターは「起きることを、予定された瞬間と場所で撮らねば」ならず、「すべての象徴的構築は前もって準備された演出に従ってなされ、」「ロンドン全体が、テレビ用に再現されたスタジオのように準備されていた」[136]というのである。

　カメラが始めから同行して大きな出来事の詳細を伝えた例に、1969年のアポロ11号月面着陸がある。月面に宇宙飛行士が降り立つ瞬間は、テレビカメラによって、全世界に中継された。エリック・バーナウによれば、「すべてはシナリオどおりに運んだ。セリフもあらかじめできていた。」[137]という。バーナウは続けて「世界中の国々で、月着陸はベトナム戦争をニュース

のトップ記事から押しのけ、人びとの心から（わずかのあいだにしろ）遠ざける役割を果した。(中略)一つの帝国がパンとサーカスと両方を必要とするものだとすれば、これは史上最大のサーカスであったといえる。」[138]と記している。こうした、事前の仕込みがおこなわれても、同時中継における出来事の同時性は当然保たれている。そして、その出来事における偶然性は排除されてはいないものの、可能な限りの予定調和の枠内にとどめられるように意図されている。

　事前の「仕込み」という手法は洗練されて目立たなくなっているが、その映像を撮影したカメラは、誰がいつ設置したのかは常に留意すべき事項である。

　こうした「仕込み」による一種の空間操作（出来事が起こる場所にカメラを設置しておくということ）では、出来事の制御不能性にはある程度対応できるものの、視聴者の制御不能性には対処できない。視聴者の反応は映像を見てしまった後に生じるため、事前に対応ができないからである。

## 「映さない」ことと湾岸戦争

　そこで採られるもう一つの方策が「映さない」ことだった。

　その例として湾岸戦争を挙げることができる。1991年に勃発した湾岸戦争の模様は、中継によって全世界に伝えられた。しかし、その映像のほとんどはバグダッドの夜空に輝くミサイルの閃光やアメリカ軍の出撃場面であり、そこには、ベトナム戦争の時のような銃を乱射するアメリカ兵や巻き添えとなる民間人の姿は映っていない。湾岸戦争では、高度な報道管制が敷かれ、中継の許可と禁止を巧みにコントロールすることによって、戦場や民間人の実態をさらけ出す映像は、ほとんど家庭に送りこまれることが無かった[139]のである。ブルース・カミングスは、湾岸戦争において「(引用者注：テレビは) 距離感の確保と高度な技術によるコントロールのうえに成り立ち、戦争遂行の道具の一部にすらなった」[140]と記している。

　シミュラークル[141]という概念で知られるフランスの哲学者ジャン・ボードリヤールは、その著書『湾岸戦争は起こらなかった』において、「イラク

は、汚い戦争のイメージを信じこませるために、民間の施設をアメリカに爆破させた。アメリカは、清潔な戦争のイメージを信じこませるために、軍事衛星の情報をカムフラージュした。すべてはだまし絵だ！」[142]と主張している。

また、フランスの思想家レジス・ドブレは、湾岸戦争とベトナム戦争を対比して次のように記している。

> 湾岸戦争は「ビジュアル」の戦争だった。そしてその意味において、われわれには不可視で、痕跡を残さない戦争だった。ベトナム戦争はイメージの戦争だった。なぜならそこでは、ベトナム人やアメリカ人の歩く姿が、正面からも背面からも、表象するでも代理するでもなく、いわばそのままの状態で、しかも現場において見られたからだ。（中略）それはレポーターと写真家のための戦争だった——おそらく、彼らにとっての遺作である。[143]

フランスの哲学者ジャック・デリダは、その著書『テレビのエコーグラフィー』において、生放送（実況中継）の「生」は絶対的な「生」ではなく、見た目の「直接性（即時性）がどのようであるにせよ、この直接性は、さまざまな選別やフレーミング、限定された選択に妥協」したものであり、「たとえばCNN（引用者注：アメリカのニュース専門のケーブルテレビ局）は、『ライヴ』や『生中継』などと呼ばれる映像に、ほんの一瞬のうちに介入して、映像の選択や、検閲、フレーミング、フィルター選別を行なって」いると記している[144]。そして、「まさに映像のシミュラークル、テレビ、情報操作、報道が、出来事が生じる前にあらかじめ出来事を取り消してしまった、わたしたちは実際にはシミュラークルを通してしか出来事を経験しなかったということなのだ（中略）だからといって、数々の死がそこにあったこと、（中略）あの戦争が実際に生じたことを（中略）わたしたちに忘れさせてしまうのであっては」ならないと述べている[145]。

バグダッドの夜空に舞ったミサイルの曳光は、湾岸戦争を象徴する映像で

はある。しかし、その映像が湾岸戦争のすべてを表すものではないことを、この映像を扱う際には留意しておかなければならない。

こうして、20世紀の末、湾岸戦争において、テレビが「映さない」という形で送り手の側での情報操作の形態に洗練の度を加えていた頃、次の映像メディアが姿を現しつつあった。それは、映画もテレビも持ち得なかった双方向という特性を持つメディア、インターネットによる映像配信である。

---

**さらに知識を広げ理解を深めるために――参考図書**

エリック・バーナウ『映像の帝国　アメリカ・テレビ現代史』(サイマル出版会, 1973) は、アメリカにおけるテレビの歴史を描いたもので、クイズ番組におけるヤラセ（出演者に予め答を教えておいた事例）などの実例が記載されており、テレビメディアの裏側を知ることにも役立つ書物である。

# 映像メディアの第3階層＝インターネット配信

## 7-1 インターネット配信の特性と諸形態

### ▶ 映像配信サイトの出現

　インターネットにおいて映像の配信を主としておこなうサイトが、映像配信サイトである。映像配信サイトは、一般には動画配信サイトとも呼ばれるが、本書では映像配信サイトの呼称を用いる。

　インターネットの起源は、第1章で示した通り1960年代に遡るが、その利用が広く一般におこなわれるようになったのは、ウェブ・ブラウザーが普及した1990年代以降である。しかし、当時の通信回線の容量やハードウェアの性能では、高画質の動画をリアルタイムに伝送することは容易ではなかった。映像（動画）の配信が盛んになったのは、21世紀になって、アニメーション作成ソフトのFlash（フラッシュ）を利用した動画の作成と配信がおこなわれるようになってからである。インターネット配信によって多くの作品を発表している映像作家ヒルマン・カーティスは、その著書『ウェブ時代のショート・ムービー』に、2001年頃の「ウェブで見ることのできるビデオは、(中略)画質も悪く、フレーム・サイズもとても小さい。そんな状況だったことから、僕は六〇秒以上のビデオ・スポットは作らないことにした。」[146]と記している。

　その後、2000年代中盤になって、新たな展開が起きた。

　2005年、アメリカでYouTubeが設立され、動画投稿サービスを開始したのである。一方、日本では、2006年末にニコニコ動画が配信サービスを始めた[147]。この両者は一般利用者から投稿される動画を集めてサイトに掲載する動画投稿サイトである。

　動画投稿サイトは映像配信サイトの一種であるが、サイトの事業者自らが

著作権の権利処理をおこなわないため、いわゆる違法動画の温床ともなりうる。これに対して事業者自らが権利処理を済ませた上でコンテンツを配信する映像配信サイトでは、権利者の許諾を得ない映像は（権利処理の漏れなどの場合を除き）配信されることはない。

権利処理を済ませた上でコンテンツを配信する映像配信サイトは、アメリカでは、Netflix が 2007 年 2 月に、Hulu が 2008 年 3 月にサービスを開始した。日本では、ぷららネットワークスの 4th MEDIA が 2004 年 7 月（2008 年にひかり TV に統合）、アクトビラが 2007 年 2 月、NHK オンデマンドが 2008 年 12 月にサービスを開始した。

主立った映像配信サイトは、日米ともにほぼ時期を同じくして登場したことになる。

### 動画投稿の伸張

ところが、登場した時期はほぼ同じであっても、動画投稿によらない映像配信サイトが当初それほどの視聴を集めることができなかったのに対し、動画投稿サイトは爆発的な勢いで視聴を集めた。その要因は、動画投稿によらない映像配信サイトの多くが有料であったのに対し、動画投稿サイトにおいては、視聴は基本的には無料であったこと、および映像配信サイトは正規の権利処理を済ませるための手間と費用がかかる（そのために利用者に対価を求めることになる）上に、権利者の許諾が得られない場合は配信できないことからコンテンツの数と種類に限りがあったのに対し、動画投稿サイトには権利処理をおこなわないいわゆる違法動画が含まれているため、コンテンツの数と種類が豊富であったことなどに帰すると思われる。

動画投稿サイトの YouTube は 2005 年の設立以降、急速に視聴回数を増加させ、5 年後の 2010 年には、1 日あたり 20 億回を超えるに至った[148]。

図 27 は、2005（平成 17）年 10 月から 2011（平成 23）年 2 月までの期間における日本での YouTube 利用者数の推移である。図には、YouTube が日本でもアメリカと同様に急速に利用者を増やしたことが示されている。

その後、2012 年には、YouTube での世界全体における 1 日の動画視聴回

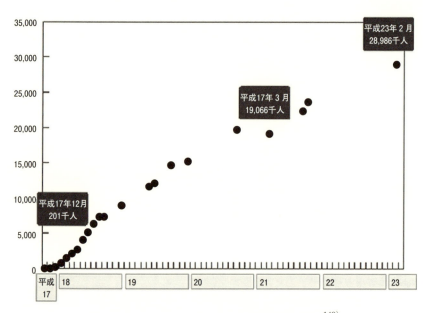

図27　日本における YouTube 利用者数の推移[149]

数は40億回を突破するに至る。

　動画投稿によらない映像配信サイトと動画投稿サイトは、必ずしも前者が有料、後者が無料であるとは限らない。動画投稿サイトでも一部の機能を有料会員のみに絞ることをおこなうサイトがある一方、映像配信サイトでも広告収益を運営費に充当することで視聴そのものは無料にするサイトもある。結局、動画投稿によらない映像配信サイトと動画投稿サイトを分けるものは、掲載する動画に対する著作権処理をサイトの運営者自らが責任をもっておこなった上で配信するか、それとも配信時点では関知せず、著作権者からの指摘を受けた場合、事後的に削除などの対応をするか、という違いであるともいえるだろう。したがって、動画投稿によらない映像配信サイトと動画投稿サイトは、基本的には同類のメディアであり、共にインターネット配信ならではの特性を持つといえる。

## 映画、テレビ、インターネット配信の3層構造

　第1章で述べたように、インターネット配信は、映像メディアの第3階層に位置し、その中に映画およびテレビのコンテンツを包含すると同時に、映画およびテレビとは断絶し、映画およびテレビには無い独自の特質を有する。

　改めて、映画、テレビ、インターネット配信の3層構造 3-tier Architecture を、その包含関係によって図示すると図28のようになる。

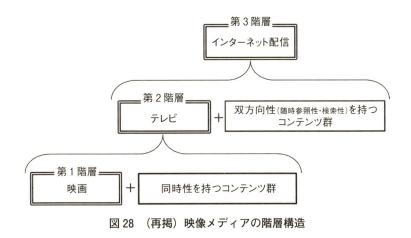

図28　（再掲）映像メディアの階層構造

　図28において、テレビは映画をコンテンツとして包含するが、映画に無い特性である同時性を有するコンテンツを併せ持つ。このテレビをコンテンツとして包含し、さらにテレビには無かった特性を有するコンテンツを併せ持つのが、インターネット配信である。そして、そのテレビにはなかった特性とは、双方向性および、その結果としての随時参照性と検索性である。

　こうした特性を活かして登場した新たなコンテンツに、ビデオオンデマンド、動画投稿、ライブストリーミングなどがある。映像メディアの階層とコンテンツの関係を改めて図29に示す。

　インターネット配信におけるテレビの包含とは、放送の同時配信[150]のことを意味する。放送局が電波によって送出している番組を、その放送時刻および放送順の通りに、インターネットを介して配信する、これが放送同時配

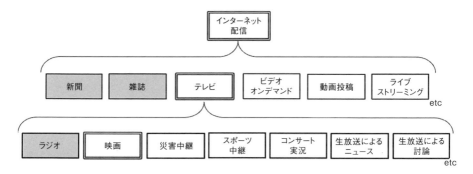

**図29 (再掲) 映像メディアの包含とコンテンツ**

信である。

　日本におけるインターネットでの同時配信は、2015年に日本放送協会が実験を開始、2016年4月の熊本地震では災害報道の同時配信を実施するなど、徐々に試みられつつある。

### 同時配信とビデオオンデマンド

　インターネット配信における同時送信においては、テレビ放送が丸ごと包含されている。したがって、そこでは、テレビ放送の同時性もそのまま再現されている。(ただし、回線の混雑や通信エラーに伴う再送などによる遅延は生じうる)

　一方、ビデオオンデマンドとは、利用者の注文に応じて、任意の時に任意のビデオ(映像コンテンツ)を視聴できるサービスを意味する。

　テレビにおいては、コンテンツ(番組)は時刻表によって直列に(時系列で)並べられる。一方、インターネット配信においては、コンテンツはサイト上に並列に(時系列とは関係なく)並べられる。同時配信はテレビと同様の配信態様であるから、決まった時刻に決まった番組が送り手の側から提供されるのに対し、ビデオオンデマンドは任意の時に任意のコンテンツ(放送番組とは限らない)を受け手の側が選んで視聴することができる。

　図30に同時配信とビデオオンデマンドの違いを示す。

第7章　映像メディアの第3階層＝インターネット配信　111

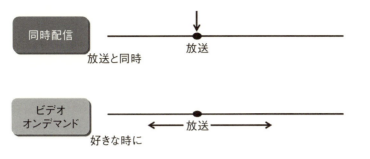

図30　同時配信とオンデマンドの違い

次節ではビデオオンデマンドがもたらす利便性の向上について、テレビと比較しつつ述べる。

## 7-2　ビデオオンデマンドの双方向性、検索性、随時参照性

### キャッチアップとアーカイブ

テレビにおいても、多くのチャンネルが存在することから、決まった時刻に視聴することができる番組は一つとは限らない。いくつかのチャンネルから選択することはできる。しかし、その選択肢は限られている。また、ある一つの番組を放送時刻に視聴することができなかった場合は、再放送を待つしかない。

テレビが持つこうした限界は、録画機器の普及により、ある程度乗り越えられるようになった。しかし、ビデオオンデマンドと同様のことを録画機器で実現するには、すべての番組を録画しておくシステムと、それらの番組群をいつでも視聴可能なように保存しておくスペースを、個々の利用者が用意する必要がある。また、そこで視聴できるコンテンツは、録画を開始して以降に放送されたテレビ番組に限られる。

これに対し、ビデオオンデマンドでは、コンテンツを保存しておくスペースは、インターネット上のサーバーに設けられ、利用者の側は、そこにアクセスするだけでよい。また、視聴可能なコンテンツも、テレビ番組だけでは

なく、映画や個人が独自に制作した動画など多様である。
　このビデオオンデマンドには、現状でキャッチアップとアーカイブの二つの型がある。
　キャッチアップとは、日本では「見逃し」と呼び習わされているが、英語の字義通りには、「追いつく」という意である。放送されたテレビ番組を見逃してしまった場合に、その番組を視聴しようとすると、テレビでは再放送あるいはビデオソフトまたはDVDの発売を待つしかなかった。しかし、それでは、毎日あるいは週1回あるいは月1回などと定期的にシリーズで放送されている連続番組の場合、ある回を見ていないうちに次の回が放送されてしまい、番組の内容が理解できなくなる可能性がある。ビデオオンデマンドであれば、次の回が放送されるまでの間に、見ていない回を見ておき、連続放送の展開に追いつくことが可能であるところから、キャッチアップという名がつけられたものである。日本語での「見逃し」という呼び方は、必ずしも定期的な連続放送番組でなくても（単発の番組でも）放送の際に何らかの事情で見逃してしまった番組を見ることができるという、より広範な考え方から付けられたものであろう。こうしたことから、キャッチアップ型のビデオオンデマンドは、「便利な再放送」であるともいえる。
　アーカイブ型には、日本語では特に定まった言い方はないが、キャッチアップ型が放送されたばかりのテレビ番組を配信するのに対して、アーカイブ型は、比較的過去のテレビ番組や映画を配信する。インターネット配信が本格化する前は、過去のテレビ番組や映画をテレビや映画館以外で視聴する場合には、ビデオソフトやDVDを購入するか、レンタルビデオ店で借りるしかなかった。しかし、アーカイブ型のビデオオンデマンドであれば、いながらにしてこれらのコンテンツを視聴することができる。こうしたことから、アーカイブ型のビデオオンデマンドは、「便利なレンタルビデオ」であるともいえる。
　キャッチアップとアーカイブという二つの型は、著作権処理の問題など、インターネット配信が本格化する前のさまざまな経緯によって発生したものであり、後の章で述べる権利処理の効率化や配信期間の一元化などの結果、

その区別は徐々に消滅していく可能性がある。

なお、ビデオオンデマンドには、コンテンツの視聴形態において、ストリーミングとダウンロードの二つの方式がある。ストリーミングは、大まかにいえばコンテンツを受信しながら同時に再生するものである。利用者は、視聴の都度、配信事業者のサーバーにアクセスする必要がある。これに対して、ダウンロードは、コンテンツをダウンロードして保存しておくもので、視聴の都度、配信事業者のサーバーにアクセスする必要は原則として無い。ただし、正規のダウンロードであることの認証や視聴データの収集などのために、事業者のサーバーへのアクセスが求められる場合もある。また、ダウンロード型であっても視聴期間には制限が設けられる場合もある。

### テレビとインターネット配信との方向性の違い

ビデオオンデマンドは、インターネット配信が有する双方向性によって実現されるものである。テレビとインターネット配信における、送り手と受け手の関係を図示すると図31のようになる。

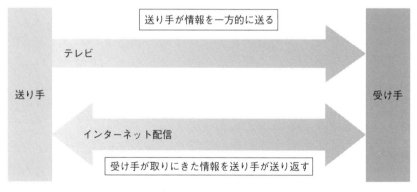

図31　テレビとインターネット配信の方向性

テレビにおける送り手と受け手の関係は送り手が情報を一方的に受け手に送る一方通行であるのに対し、インターネット配信においては受け手が取りにきた情報を送り手が送り返すという双方向になっている。

この双方向性は、インターネット配信における記録のあり方を、映画やテレビとは異なるものにする。インターネット上に膨大に存在し、かつ時々刻々消長を繰り返しているサイトのすべてを記録することが可能なのかという問題とは別に、インターネット配信においては、コンテンツや編成だけでなく、受け手の視聴行動も詳細に記録されるという独特の現象が生じるからである。このことがもたらすインターネット配信に特有の Web（ウェブ）解析という技術とそれに基づく編成については、第9章で詳しく述べる。

## ■インターネット配信における送り手と受け手

　テレビは一方通行、インターネット配信は双方向という方向性の違いは、送り手と受け手の関係にも違いをもたらす。

　テレビは、電波を利用して送り手が一つのコンテンツを不特定多数の受け手に向けて送る。よって、送り手と受け手は、1対多の関係にある。一方、インターネット配信は、通信回線によって送り手と受け手が直接結ばれているため、送り手は、一つずつのコンテンツを一人ずつの受け手に送る。よって、送り手と受け手は、1対1の関係にある。この、それぞれ1対1の関係で結ばれた送り手と受け手は、インターネット上において多数存在し得るため、全体を俯瞰すれば、多数の送り手と受け手が、多対多で結ばれた関係にあるともいえる。

　送り手と受け手の結ばれ方の違いは、テレビとインターネット配信それぞれにおいて、コンテンツがどの程度視聴されたかという反響を測るための指標にも違いをもたらす。

　テレビでは、通常、送り手と受け手は直接結ばれていないため、限られたモニターの人々をサンプルとして抽出し視聴の有無を記録してもらうことによっておこなう、「統計理論に基づいた標本調査」である「視聴率」が、指標として用いられる。これに対して、インターネット配信では、送り手と受け手が双方向で結ばれているため、受け手のコンテンツの視聴のし方を送り手が直接知ることができる。よって、「視聴数」を指標として用いることができる（ただし、全数を知ることができるとは限らない。また、測定の方法

によっても数値に違いが出る)。なお、インターネットにおいても、サイトの閲覧状況を測る「インターネット視聴率」があるが、これはテレビの視聴率と同様、サンプルを抽出して計測するものである。

　テレビとインターネット配信を、方向性、送り手と受け手の関係、反響の尺度によって比較すると表9のようになる。

表9　テレビとインターネット配信の比較

|  | 方向性 | 送り手と受け手 | 反響の尺度 |
|---|---|---|---|
| テレビ | 一方通行 | 1対多 | 視聴率 |
| インターネット配信 | 双方向 | 1対1（多対多） | 視聴数 |

## 視聴率か視聴数か

　テレビにおいて、その反響を測る指標である視聴率には、巷間(こうかん)いわれる誤差の存在以外にも別の問題が存在する。あるコンテンツはある決まった時間帯（放送時刻）においてしか視聴できないというメディアとしてのテレビの本質に起因する問題である。

　テレビを視聴する人の数は、時間帯によって異なるため、多くの人が仕事をしていてテレビを見る余裕が無い日中の時間帯と、多くの人が仕事を終えてテレビを見る余裕がある夜間の時間帯では、条件が異なる。ある番組を日中放送した場合の視聴率と夜間放送した場合の視聴率は、夜間のほうが高くなるのが通常である。したがって、Aという番組を日中に放送し、Bという番組を夜間に放送して、AとBの視聴率を比較したとしても、それがAとB二つの番組の反響の大きさの違いを正確に反映したものとはいえないことになる。

　問題は、時間帯を一つに限ったとしても発生する。ある時間帯において、複数の放送局によって番組が同時に放送されている場合、どの番組を視聴するかを受け手はそれぞれの番組を比較して決定することができる。ここで、ある番組が毎週定曜定時に放送される連続番組だったとしよう。当該週の番組が、前週の番組よりも、内容そのものは良くできており、事前の試写でも

評価が高かったとしても、仮に放送時に同時に放送されている（裏番組と呼ばれる）番組が極めて人気が高いコンテンツ（ワールドカップサッカーの日本戦中継など）だった場合、裏番組に視聴が集中し、当該番組の視聴率は低くならざるを得ない。

あるいは、前の事例とは逆に、当該週の番組が前週よりも内容が悪く、事前の試写でも評価が低かったとする。ところが、その時間帯に事件、事故、災害などが発生し、その番組において速報スーパーが上乗せされた場合、情報を求めて各チャンネルを巡回（ザッピング）していた視聴者が、速報スーパーに気づき、続報を期待して、そのチャンネルに留まり続けると、視聴率は上昇してしまう。この場合、その視聴率は、視聴者が元々その時間帯で放送していた番組を見たくてチャンネルを合わせた結果によって得られたものかどうかはわからないことになる。

このように、視聴率が抱える本質的な問題は、テレビ番組の視聴が、不確定要素に左右されがちであるため、番組の真の実力が反映されにくいという点に存する。視聴率は、ある程度の長期間における特定の連続番組の視聴動向の変化をみるには、それなりの有用性を持つが、連続性が無い特定の番組をいくつか取り上げて比較することには限界があるといえるだろう。

テレビにおける視聴率が抱えるこうした問題は、（オンデマンドによる）インターネット配信における視聴数では、発生しない。

インターネット配信においては、特定の時間帯に左右されずにコンテンツを視聴することが可能であり、コンテンツの視聴中に不慮の事件、事故、災害などが生じたとしても、一旦、視聴を中断して、後に再開することができる。また、同一の時間帯にコンテンツが競合することもない。したがって、コンテンツの視聴数は、真にそのコンテンツを視聴することが目的であった人の数を反映することになる（開発者や運営事業者によるテスト視聴も含まれる場合があるが、取り除いて集計することが可能である）。また、コンテンツの配置が適切で、利用者がコンテンツにアクセスする際の条件が同一であれば（実際には、コンテンツの視聴は、世評や他のメディアでの反響などによっても左右されるが）複数のコンテンツの視聴数を比較することにも相

応の妥当性があるといえる。

インターネット配信におけるコンテンツ視聴数の多寡は、テレビ放送における視聴率の高低とは異なる場合がある。すなわち、テレビ放送においては視聴率が相対的に低かった番組であっても、インターネット配信においては相対的に多くの視聴数を得る場合がある。

たとえば、日本で2010年に放送された『ハーバード白熱教室』という番組の放送時の視聴率は、1％以下であり、同時期に放送されていた大河ドラマや朝のテレビ小説の10分の1あるいは20分の1程度のものだった。ところが、この番組がインターネットで配信されると、別途視聴料を支払う必要があるにも関わらず、相対的に多くの視聴を集め、一定期間における視聴数では、当時の大河ドラマ『龍馬伝』に匹敵し、朝のテレビ小説『ゲゲゲの女房』を上回る結果となった。

こうした現象が生じるのは、大勢が同じものを見るのではなく、各自見るものを選択できるという、インターネット配信が持つ特性のゆえである。その特性を支えているのは双方向性であるが、この双方向性は、インターネット配信による映像メディアの革命的な変化をも生起している。第1章第3節で述べたように、その変化は三つある。パッケージの束縛からの解放、送り手から受け手への編集権の移行、制作者と視聴者の溶融である。このうち、制作者と視聴者の溶融は、インターネット配信が生んだ新しいコンテンツである動画投稿サイトにおいて生じる。次節ではこのことについて詳しく述べる。

## 7-3 動画投稿における制作者と視聴者の溶融

### 送り手と受け手の区別の消滅

第5章および第6章では、映画とテレビそれぞれの特性と両者が持つプロパガンダとしても利用されてきた歴史について述べた。映画とテレビの2者における共通点は、それらがプロパガンダに用いられる際には、情報の発信が送り手に独占されていたことである。ところが、インターネット配信では、この独占は成り立たない。双方向性のゆえに、受け手の側からも情報を発信

できるからである。

　映画でも自主上映によってそれまで受け手であった個人が送り手となることは可能だったが、多大の労力が必要だった。また、テレビでは、視聴者の映像作品を紹介する番組やコーナー（番組の一部分）もあったが、視聴者の作品のうち、どれを紹介するかの決定権はテレビ局が握っていた。アメリカでは、放送局ではなく、一般の人びとがコンテンツを放送するパブリック・アクセス・テレビも存在している[151]が、その運営には、やはり多大の労力が必要だった。

　これに対し、従来の限界を凌駕した全く新たなサービスとして登場したのが、動画投稿（動画共有とも呼ばれる）サイトである。

　動画投稿サイトは、当初、違法動画のアップロードが目立っていたが、次第に、投稿者自らが制作したオリジナルコンテンツが多くアップロードされるようになり、その質も急速に向上した。このサイトにおける投稿者は同時に他の投稿の閲覧者となりうる。逆に閲覧者は投稿者にもなりうる。したがって、映画やテレビでは厳然と存在していた送り手（映画会社・テレビ局など）と受け手（観客あるいは視聴者）の区別は消滅する。サイトにおいて、視聴数が掲載される場合には、どのコンテンツが人気があるかがただちに判明する。視聴の多いコンテンツにはさらに視聴が集まる。動画投稿サイトは期せずして、コンテンツの優劣を競う場ともなる。こうして、送り手と受け手の区別の消滅は、制作者と視聴者の溶融に至る。

## 映像による新たなコミュニケーション

　この送り手と受け手の区別の消滅および制作者と視聴者の溶融は、15世紀にグーテンベルクが活字印刷術を発明して以来の大きな変革である。活字印刷術の発明以降に出現した、雑誌、新聞、映画、ラジオ、テレビなど、いわゆるマスコミと呼ばれるメディアは、すべて、送り手と受け手の区別を前提としていた。そして、そのことが、作家、新聞記者、映画制作者、放送局など、送り手であることに特化した専門の制作者を生み出した。500年以上に渡って、情報は送り手の側によって一元的に管理され、送り出したコンテ

## 第7章　映像メディアの第3階層＝インターネット配信

ンツが受け手に受容されるかどうかは別として、どのようなコンテンツを送り出すかを決める権限は送り手の側にあった。映像メディアも同様であったことは、第5章および第6章で述べた通りである。

　しかし、インターネット配信は、この送り手の優位と独占を崩し、受け手の側に編集権が移行しつつある状況を招いた。このことも映像メディアにおいて同様であることは第1章において述べた通りである。動画投稿サイトは、この点で、インターネット革命の中核ともいえる存在であろう。

　エリック・バーナウは、1993年に刊行した著書で、テレビ局を経由せず直接ビデオ映像を家庭の画面に届ける可能性について指摘した上で、「配信の問題はまだ解決していない」と述べていた[152]。また、ジャック・デリダとベルナール・スティグレールは、同じく1993年に対談をおこない、スティグレールは、受け手（二人の言い方では宛先者）の側からの映像の実践が活発になり、生産における宛先者が行為者となることを目指す文化政策は技術の進歩によってきっと実現されると述べていた[153]。こうした予言は、それから20年ほどの時を経て実現したことになる。

　2011年にサービスを開始したスマートフォン向けの写真および動画の共有サービス（動画メッセージングサービスとも呼ばれる）Snapchatや2012年に設立され、2013年にサービスを開始した動画共有サービスVineは、短いものながら個人が撮影した動画を簡単にアップロードして共有することができるサイトである。

　これらのサービスは、映像を瞬時に見せあうことで成立する独特なコミュニケーションの場ともなっている。クリスチャン・メッツは1964年に発表した論文「映画——言語か言語活動か」において、「映画はその場にいる相手が即座に同じ言語（ランガージュ）で答えるというような、直接的な返答を想定していない」[154]と述べた。これに対して、ロバート・スタムらは、1992年に刊行した著書において「原理的には、即時的な相互コミュニケーションを許容する、未来型の対話的な映画の可能性を排除するものは何もない」[155]と述べていた。VineやSnapchatでの映像のやりとりは厳密な意味での言語によるコミュニケーションとは異なるが、「即時的な相互コミュニケーション」に近

いものが誕生しているとはいえるだろう。

一方、誰もが送り手になり得るという特性は、誰もが映像による思想宣伝をおこないうるということでもある。後で述べるデジタル加工による映像の創作と合わせて、インターネット配信はこれまでにないプロパガンダを流布させる力を有している。映像コンテンツと映像メディアについての知識と理解がこれまでよりさらに重要なものになりつつあるといえる。

以上、本節では、インターネット配信における制作者と視聴者の溶融について述べた。こうした溶融をもたらす双方向性は、コンテンツがデジタル化されることによって実用化されたともいえる。そして、このコンテンツのデジタル化は、映像メディアにおいて、違法動画とは異なる次元の問題を生む可能性を孕んでいる。それは、映像コンテンツの断片化と映像資料の合成および加工の問題である。

## 7-4 デジタル化がもたらす新たな課題
――コンテンツの断片化と現実が存在しない映像の創作

### デジタル化の3種の態様

映像コンテンツのデジタル化には、次の3種の態様があると考えられる。すなわち、

（1）アナログのデジタル化
（2）ボーンデジタル（撮影・収録時からデジタル）
（3）デジタルエフェクト（CG合成、デジタル加工）

である。

このうち、（1）アナログのデジタル化とは、映画あるいはテレビにおいて、フィルムやアナログVTRなどで撮影された素材をデジタイズしてファイル化することをいう。

（2）ボーンデジタルとは、ロケの場合は撮影時、スタジオの場合は収録時に、デジタルで記録することをいう。アナログ素材をデジタル化するのではなく、「生まれながらにして（ボーン）」デジタルであるため、こういう呼

ばれ方をする。
　（3）デジタルエフェクトは、前記（1）および（2）とは性格が異なっている。（1）および（2）は、いずれも実写、すなわち現実に存在する事象を写すことによる記録だった。それに対し、（3）は、現実には存在しない事象を2次元または3次元のCGによって全くのゼロから、あるいは、合成によって実写素材を加工して、あたかも実写映像であるかのように創造することをいう。現実には存在しない事象を描き出すことは、アナログ時代にも、アニメーションや特殊撮影あるいは合成などによっておこなわれていた。しかし、それらの多くは、加工の痕跡が明瞭に残り、つくりものであることが歴然としたものだった。これに対し、デジタル化によるCG合成は、実写と見分けがつかない水準の合成映像の創造を可能としている点で、アナログ時代のそれとは一線を画して[156]いる。また、デジタルエフェクトの技術は、オリジナルのコンテンツを創造するだけでなく、既存の（1）および（2）のコンテンツへ適用することも可能である。この適用がもたらす問題については後述する。
　こうしたデジタル化の進展は、第1章第3節で述べたような、映像コンテンツにおけるパッケージの束縛からの解放をもたらした。それまで、フィルムやVTRテープに収められていた映像コンテンツは、原則として最初から通して（順に）映写または再生するものだった。いわゆる「頭出し」（コンテンツの目的の場所に移動して再生すること）には、早送りや巻き戻しをする必要があった。こうした早送りや巻き戻しを繰り返して映像コンテンツを編集する方法は、リニア（直線的）編集と呼ばれる。
　これに対して、デジタル化された映像コンテンツは、記録媒体がハードディスクやメモリーなどであれば、ほとんど瞬時にして任意の箇所に移動する、いわゆる「ランダムアクセス」が可能である。こうしたランダムアクセスの機能を利用して頭出しをおこない、早送りや巻き戻しをせずに映像を編集する方法は、ノンリニア（非直線的）編集と呼ばれる。デジタル化によるノンリニア編集の実現は、映像コンテンツの編集における利便性を格段に向上させた。

### ■コンテンツの断片化がもたらすもの

　しかし、その一方で、デジタル化は映像コンテンツを総体として視聴することなく、目的の箇所のみを切り出して視聴するという、いわゆる断片化が容易になるという結果をも生んでいる。断片化されたコンテンツは、（場合により断片化されていないものも含めて）ビデオクリップとも呼ばれる。映像コンテンツの断片化は、映像コンテンツの一部分が切り出されて、他の文脈で使用されるという、映画やテレビにおいておこなわれていたプロパガンダ映像の生成をより容易にすることにもつながる。

　特にインターネット上に映像コンテンツの断片がアップロードされる（配信される）場合には、同定がより困難になると予想される。アナログの映像コンテンツでは、コンテンツを同定する手がかりとなる情報（メタデータ）がコンテンツと共に、保存されていた。それは、フィルムの場合には、リーダー部分に記された素材に関する情報、あるいは切り離されずに残ったボールド（カチンコ）の映像に記されたシーンおよびショットナンバーや映像のタイトルおよび場所などの情報、そして、そのフィルムを収めたフィルム缶に記された情報などだった。ビデオテープの場合には、コンテンツの冒頭にタイトルカードとして本編とは別に録画された、タイトル、収録日付、コンテンツの長さ（時間）などの情報、ビデオテープがカセットに収められている場合は、カセットに記された種々の情報、そして、そのビデオテープ（カセット）を収めたビデオテープケースに記された種々の情報だった。これらの情報は、物理的にコンテンツ自体と一体化されて（フィルム缶やビデオテープケースの場合は、入れ間違いが発生するとメタデータとしては重大な過誤をもたらすことになるが）メタデータとして存在していた。

　ところが、映像コンテンツがデジタル化され断片化されたビデオクリップとしてインターネット上で配信される場合には、本来のメタデータとは物理的に切り離されるため、メタデータを別に作成してコンテンツに紐づける必要がある。この時に本来のメタデータとは異なるメタデータが、作為の有無に関わらず付与されることが生じうる。その際には、誤った情報を修整するために、オリジナルのアナログコンテンツに遡ることが必要になる。この時、

オリジナルが発見できない、または判読できない（破損や磨耗のためなど）、あるいは存在しない（既に破棄されているためなど）ということになると、修整は困難を極めることになる。

### 映像の合成と創作

　デジタル化はまた、映像の合成を容易にし、これまでにないコンテンツを産み出しつつある。

　映画編集者のウォルター・マーチは、その著書『映画の瞬き』において、大勢で製作し修整がしにくいフレスコ画と一人で製作することができてやり直しも可能な油絵を比較した上で、デジタル技術の革新が、絵画における油絵の登場に匹敵する変化を映画にもたらすと予想している。そして、「二一世紀中盤には、デジタル技術は最高点に到達し、たったひとりの人間だけで、バーチャル俳優を配した映画を製作することが可能になっているだろう」[157]と述べている。

　レフ・マノヴィッチは、「ライヴ・アクションのフッテージ」（実写映像）は、「もはや、それを使ってしか映画作品を構築できない唯一の素材という役割を持たなくなった。」[158]と述べて、デジタル映画作品を構成する素材を次のような式に表している。

　　デジタル映画作品＝ライヴ・アクションの素材＋絵画＋画像処理＋合成＋2Dコンピュータ・アニメーション＋3Dコンピュータ・アニメーション[159]

　この式にある絵画とは、従来の絵画だけでなく、デジタル処理によって絵画を描く時と同じくゼロから創作された写実的な映像をいう。こうして、デジタル加工技術は、実際には存在しない映像を創作することを可能にする。

　現在では、モノクロフィルムで撮影された映像をデジタル化し、想像上の色付けをして、カラーを「再現」したと標榜するコンテンツも制作されるようになっている。しかし、考証を加えているとはいえ、そこに再現された色

彩はあくまでも想像上のものであり、実際のものではないという点には留意しなければならない。制作者の考証の加え方次第で、実際は灰色がかった戦場の様子が華麗な色彩あふれるものになったり、逆に、本来は緑豊かな野山が色あせた景色に変わったりすることも起こりうるからである。

1994年にアメリカで公開された映画『フォレスト・ガンプ』では、ケネディ大統領など実在の人物の映像が合成によって実写と区別できないように作成され、実際には存在しない会話が創作された[160]。当時は、こうした合成映像を制作するためには莫大な経費と時間が必要だったが、現在では、ハードウェアの能力向上と低廉化によって、はるかに少ない時間と経費で制作が可能になっている。その結果、合成によって創作された映像を、実写による本物の資料映像に紛れこませて、現実とは違う事件を創造することもかなり容易になっていると考えられる。

第4章第4節では、『真珠湾攻撃』というドキュメンタリー映画で、日本軍の航空機の代わりにアメリカ軍機を利用した例を紹介した。この場合、航空機についての知識さえあれば、その映像は作り物であることが識別できた。しかし、デジタル技術がさらに進んで、日本軍機を完全に再現したCGが既存の実写映像と組み合わせて用いられた場合、航空機の形状からは識別ができなくなる。もともとの素材が撮影された過去の時点で、そうした映像が含まれていたかいないかを、アナログのフィルム素材に立ち戻って検証しなくてはならない。

国際フィルムアーカイブ連盟（The International Federation of Film Archives：FIAF）は2008年に発表したマニフェストにおいて、「デジタル技術が進歩すればするほど、映像の内容に手を加えたり、恣意的に改変することが容易になってしまいます。しかしながら、不正な改変や不当な歪曲が行われたとしても、もとのフィルムが適切に保管されていれば、比較することによって、いつでもそうした違いを見つけだすことができます。」[161]と謳っている。

デジタル技術を駆使して創作されたコンテンツがあたかも実写による資料映像であるかのごとくして氾濫するようになった場合、あるいは、氾濫する

ようになる以前に、本来の映像は、どこにどのようにして保管されているのかを把握することが必要になる。次章では、映像コンテンツを保管する場所である映像アーカイブについて述べる。

---

**さらに知識を広げ理解を深めるために――参考図書**

　ヒルマン・カーティス『ウェブ時代のショート・ムービー』(フィルムアート社, 2006) は、インターネット配信のための映像コンテンツの実作者によるもので、本書では触れることができなかったコンテンツ制作の機微を知るのに好適である。

# 映像アーカイブの過去・現在・未来

## 8-1 映像アーカイブの歴史と『映像の世紀』

### ▶ 映画フィルムアーカイブの始源

映画フィルムを保存しておくべきだという発想は、映画が誕生してまもなく現れた。1898年、ボレスラフ・マトゥシェフスキが『新しい史料』という本を出版し、その中で、「カメラによる作品は、切手やメダルや陶製の置物や彫刻などに劣らず資料的価値」があるので「『シネマトグラフの博物館か保存館』を設立しよう」と呼びかけた[162]のである。

草創期における映画の保存状況は、各国および各映画会社で異なっており、保存に全く関心が払われない場合もあった。たとえば、ロシアでは革命後の混乱に際して、多くの貴重な映画が未分類のまま放置されていたという。1926年、ロシアのエスフィリ・シューブは、古いニュース映画を調査し、「『反革命的映画』のコレクションとされていたものが、じつは皇帝ニコライ二世一家の記録映像」[163]であることを発見した。そして、その映像を元に『ロマノフ王朝の崩壊』というドキュメンタリーを制作した。

その後、1930年代になると、各地で映画の収集・保存を目的とするフィルムアーカイブが開設されるようになる。

1935年には、アメリカのニューヨーク近代美術館（MoMA）に、アイリス・バリーの努力によって映画部門が設けられ、イギリスの英国映画協会（BFI）[164]に国立フィルム・ライブラリーが設置された。翌1936年には、フランスのパリでアンリ・ラングロワが、個人で所有していた映画のコレクションを基盤として、シネマテーク・フランセーズを公開した。

ラングロワのシネマテーク・フランセーズは、多くの人に映画をみせることを主眼としており、第4章第3節で述べたヌーヴェル・ヴァーグの作家た

ちは、ここで過去の名作を鑑賞し、研究することで、自分たちの理論と制作スタイルを編み出していったといわれる。ゴダールは、その著書『映画史』において、「《このことについてはこれこれの映画のこれこれのくだりを見るといいよ》といったことが言えるのはラングロワだけ」[165]と記している。シネマテーク・フランセーズは、ヌーヴェル・ヴァーグという革新的な映画潮流の文字どおり温床となったのである。シネマテーク・フランセーズとヌーヴェル・ヴァーグの関わりは、映像アーカイブが持つ価値と創造性を如実に示す事例であるといえる。1938年にはアメリカ、イギリス、フランス、ドイツの機関が集まって国際フィルムアーカイブ連盟がパリで結成[166]された。

このように「欧米諸国の多くでは、1930年代から戦後期にかけて、政府の支援を受けた映画保存機関が設置」[167]されたのに対し、日本で映画を収蔵する映像アーカイブとして東京国立近代美術館フィルム・ライブラリーが活動を始めたのは1952年のことである。このフィルム・ライブラリーは、近代美術館の移転に伴い、1970年に美術館の跡地にフィルムセンターとして開館した。その所蔵する映画フィルムは、2012年3月31日時点で65,517本となっている。このうち、日本映画が87.3%、57,164本を占めている。年代別では、戦前の映画の所有が少ない。日本では、「映画界一般に映画フィルムを保存する意識が高くなかった」ことに加え、災害や空襲で多くのフィルムが失われたことによる[168]。

東京国立近代美術館フィルムセンターは1993年に国際フィルムアーカイブ連盟に正会員として加盟し、国際フィルムアーカイブ連盟には、65を越える国々から130以上の機関が加盟するに至っている[169]。

第2次世界大戦後、映画からテレビへの転換が始まると、ニュース映画には大きな変革が起こった。テレビに観客を奪われた各社が次々にニュース映画を打ち切ったのである。『マーチ・オブ・タイム』が1951年に打ち切られたのを始め、1957年には『パラマウント・ニュース』、1963年には『フォックス・ムービートーン・ニュース』、1967年には『ユニバーサル・ニュース』と『ニュース・オブ・ザ・デイ』が終了している。これらのうち、『ユ

ニバーサル・ニュース』はアメリカ国立公文書館に、『フォックス・ムービートーン・ニュース』はサウスカロライナ大学へ、『ニュース・オブ・ザ・デイ』はカリフォルニア大学ロスアンジェルス校へ寄贈され、一般の人びとが利用することが可能になった。

### テレビ番組アーカイブの起動

1960年代以降、テレビ制作の現場にビデオテープレコーダーが普及するようになると、テレビ局が保管する映像は飛躍的に増加した。

日本では、1968年に「放送番組センター」が設置された。そして、「放送法に基づいて、放送番組を収集・保存し、一般に無料で公開する放送ライブラリー事業」をおこなっている。これまでに、「テレビ番組約20,000本、ラジオ番組約4,000本を保存し、これらのうち約18,000本を公開」している。[170] 1991年には、センターが収集した放送番組を保存、公開するためのアーカイブとして、横浜市に放送ライブラリーが開設された。

フランスではINA（国立視聴覚研究所）が1975年から事業を開始し、テレビ番組を含めた「アーカイブの保存と、視聴覚的制作の研究、職業人の育成」[171]を組織的におこなうことになった。

こうして、テレビ番組を文化資産として扱う動きが高まりつつあったとはいえ、20世紀の終わり近くになっても、テレビ番組の大半は世界各国のテレビ局において、本格的な整理や保存がなされないままの状態に置かれていたといえる。また、映画フィルムも公的な機関に収められないまま、個人や制作会社が保有しているものも多く、世界各国のどこにどのような映像が保管されているのか、その全貌を把握するのは困難だった。世界に散在する映像アーカイブ（フィルム・ライブラリーとも呼ばれていた）をリストアップすることは可能だったが、そのどこに、どんな映像があるのかを一望にすることはできないままだったのである。

### 『映像の世紀』プロジェクトの意義

1990年代になって、アメリカと日本の放送局が協力して、こうした映像

資料を探索・収集し大型番組を制作するプロジェクトが立ち上げられた。アメリカではABC、日本ではNHKが参加し、両者の間に協力体制が構築されることになった。両者は取材によって得た情報を交換して、大型のシリーズ番組『映像の世紀』が企画されたのである。

この『映像の世紀』プロジェクトでは、世界各国に散在している映像資料を可能な限り網羅的に調査する試みが実施された。このプロジェクトに先立つ1990年頃からNHKは世界各地のアーカイブの調査を開始し、その一部の成果は1991年放送のNHKスペシャル『パールハーバー・日米の運命を変えた日』に結実していたが、『映像の世紀』の調査は、その時の調査よりも更に本格的に体制を整えて、時間をかけた大がかりなものとなった。

こうした調査の結果、世界各地における映像アーカイブの一般的な傾向として、アメリカおよびヨーロッパでは、各国に巨大な公的施設と多くの個人施設が存在していること、アジアでは政府系の機関による収蔵が多いこと、テレビの映像資料（フィルムおよびビデオテープ）は各国のテレビ局に保管されていること、など多くの知見が得られた。

これらの知見を元にした大型シリーズ番組がアメリカと日本で制作され、日本のNHKが制作したシリーズは、NHKスペシャル『映像の世紀』として1995年に最初の放送がおこなわれた。

『映像の世紀』というプロジェクトが持つ意義はいくつかあるが、その一つは、それまでプロパガンダとして、あるいは、作品の素材として任意に編集され、恣意的な流用が繰り返されていた映像や、どこから持ってきたものかわからなかった映像が、元のアーカイブに遡って調査され同定されて、大まかとはいえ、編年体による文脈のもとで提示されたことにあるといえるだろう。

## 映像アーカイブの新たな次元

こうして映像アーカイブを集大成したテレビ番組が世界各国でつくられる一方、同じ20世紀末にはテレビと映像アーカイブの関係において画期となる出来事が起きた。1992年、フランスで法定納入の制度が定められ、フラ

ンスにおけるすべての地上波テレビ局の番組が一括して INA に保存されることになったのである。収められる番組は当初一部に例外が設けられていたが、2002 年からは「二四時間の放送のデジタル録画による網羅的アーカイブ化」[172]すなわち放送を丸ごと記録し保存することがおこなわれるようになった。これは、第 6 章第 2 節で示したテレビにおける記録のレベルでいえば、メディアのレベルでのテレビを記録し保存することにあたる。従来の映像アーカイブは、フィルムであれビデオテープであれ記録媒体はともかく、ストック系のコンテンツを収集し保存することが中心だった。それがフロー系のコンテンツも含めて記録し保存するようになったことで、映像アーカイブは、映画誕生から 100 年ほどの時を経て新たな次元に達したといえるだろう。

21 世紀になると、日本でも埼玉県川口市に公共放送の映像を収蔵した本格的な映像アーカイブが建設された。また、欧米では民間商用アーカイブの統合・再編が進むなど、映像アーカイブをめぐる動きは、かつてないほど活性化した。こうした動きの背景には、近い将来の映像資料の利活用に備えて体制を整備しておく必要があるという認識があったと考えられる。アーカイブを統合し、映像資料を統一的に管理することができれば、著作権を整理し一元化することによって、利活用を容易にすることにもつながるからである。

次節では日本を含む世界のアーカイブの現状とインターネット配信および著作権の問題について述べる。

## 8-2 映像アーカイブの現状と著作権の問題

### インターネット配信の進展

21 世紀の始め頃までは、映像アーカイブに収蔵されたコンテンツを視聴するには、当該施設に出向いて施設内で視聴する必要があった。しかし、2005 年頃から、インターネット回線の高速大容量化や機材の低価格化と技術革新が進み、世界各国でアーカイブ映像のインターネット配信による一般への公開がおこなわれるようになった。

2006 年、フランスの INA が、ライブラリーのインターネットへの配信を開始した。続いて、イギリスの BBC が、2007 年に iPlayer と名付けられたインターネットサービスを開始した。これは、BBC が放送した番組を一定期間視聴できるというサービスである。アメリカでは、2008 年に ABC、NBC、Fox が合同で Hulu というサービスを立ち上げ、ドラマ、ショー番組、映画などの配信を開始した。日本では、前述した NHK アーカイブスのライブラリーを元にしたアーカイブ型の配信と直近に放送された番組のキャッチアップ型の配信を共におこなう NHK オンデマンドが、2008 年にサービスを開始した。

フランス、イギリス、アメリカ、日本におけるこうした試みは、いずれもテレビ番組が配信されるコンテンツの中心となっているが、過去のニュース映画もデジタル化されて配信がおこなわれるようになりつつある。

たとえば、2015 年、British Movietone は、1895 年以降の映像 55 万本（約 1 万 6000 時間）を YouTube 内の公式ページで公開[173]している。

## アナログ資料のデジタル化

こうしたインターネット配信には、第 1 章で述べたように映像コンテンツのデジタル化が大きく寄与している。そして、フィルムやビデオテープに記録されたアナログ素材の映像コンテンツにとって、デジタル化は別の意味でも喫緊の課題となっている。「アナログの古い資料の大部分について、その媒体は脆弱で急速に劣化する」[174]からである。膨大なアナログ資料をすべてデジタル化するには莫大な経費と時間がかかる。

INA では、デジタル化に際し三つの基準を設けているという。その三つとは、媒体の状態、資料の文化・科学的価値、商業的価値である。一つめの媒体の状態については、劣化が進むものや再生装置が無くなりつつあるものを早急にデジタル化することは当然である。しかし、二つめの文化・科学的価値と三つめの商業的価値は必ずしも両立しない場合もある。INA では、文化・科学的価値については専門の委員会によって決定し、商業的価値は「顧客の需要」が未処理の番組に対してあった時に決定される[175]という。

また、デジタル化が進展するとはいえ、元になったフィルムを残しておくべきという主張も、国際フィルムアーカイブ連盟によってなされている[176]ことには留意する必要がある。

## 著作権と権利処理の課題

こうしてデジタル化が進み、映像コンテンツがインターネット上で公開されるようになったものの、実際に配信されるのは映像アーカイブが保管するコンテンツの一部にしかすぎない。

たとえば、INAでは、「アーカイブの三分の二以上がおもに法律的理由のために使用されないまま」[177]になっているという[178]。ここでいう法律的理由とはもっぱら著作権の問題をさすと考えられる。

映像メディアは映画からテレビへ、そしてインターネット配信へと転換してきたが、映画においてもテレビにおいても、将来、インターネット配信がおこなわれるということは想定されていなかったため、過去の作品や番組に対しては配信にあたって、再度、一から権利処理をおこなう必要が生じる場合がある。

映像コンテンツの場合、関わる権利者は多種多様にわたる。これらの権利者の一人一人に確認をおこなう作業は膨大な時間と経費を要することになる。そして、権利者の一人でも許諾をしなかった場合、そのコンテンツ全体が配信できなくなる。場合により、その人物が関わる部分のみを割愛するか、あるいはマスク（その部分を静止画など他の映像で覆い隠すこと、日本での配信コンテンツの制作現場では、「蓋をする」ともいわれる）をして配信することもおこなわれる。

また、古い映画作品やテレビ番組の場合には、権利者の行方がわからなくなっている場合もある。その場合は、いつまでも貴重なコンテンツが日の目を見ないことになる。

こうしたことを避けるために、日本では、「権利者の許諾を得る代わりに文化庁長官の裁定を受け、通常の使用料額に相当する補償金を供託することにより、適法に利用することができる」[179]裁定制度が設けられた。

しかし、特に古い映画では、権利者の情報そのものが存在しない、すなわち、探しようがないコンテンツも存在する。

映像アーカイブのみならず、映像コンテンツの利活用にとって、著作権は大きな問題であり、今後、世界的な規模での議論が必要になる分野であるといえるだろう。

## 8-3 映像アーカイブの今後とメタデータの重要性

### 映像コンテンツの検索における二つの方法

第1章で述べた映像メディア転換の第3の経験則「膨張」によって、今後、映像アーカイブが保存するべきコンテンツは増え続けると予想される。

コンテンツをインターネットで配信するにせよ、しないにせよ、今後、大きな課題となるのは、検索への対策である。「視聴覚資料を保存することとは、コンテンツを合理的でわかりやすく、かつアクセスしやすく体系化すること」[180]であり、すべてを保存することが意味を持つのは「アクセスしやすさと両立する場合のみ」[181]といわれる。デジタル化されて保存されていても、そのコンテンツを適切に見つけることができなければ、そのコンテンツは存在しないのと同様になるからである。

映像コンテンツの検索に関して、「画像や映像からその内容を完全に把握できる技術は現在に至っても確立されていない」[182]が、2016年時点における検索の方法は大きく二つに分けられる。

一つは、文字情報による方法。もう一つは、画像すなわち静止画にもとづく方法である。この二つの方法は組み合わせて用いることもできる。

一つめの文字情報による検索方法は、映像に付与されたメタデータを利用したり、映像内に画像として存在する文字（字幕もしくは看板や名札など）をOCR（光学文字認識）によって読みこんだりすることによるものである。このうち、一般的であるのは前者すなわち予め付与されたメタデータの利用である。

映像に付与されたメタデータには、映像のタイトル、撮影者、撮影場所、

撮影時期、関連する権利、ファイル形式などのいわゆる書誌情報と、内容（出来事の主旨やプロットなど）を説明するキャプションがある。メタデータを付与することをアノテーションというが、アノテーションの際に、これらの情報がすべて揃わず、一部分しかメタデータとして付与されないこともある。

　二つめの画像に基づく検索方法は、本書で繰り返し触れてきた、動く映像が静止画の連続であるという原理を利用する。映像をまず静止画に分解し、1枚ずつの静止画について、その「配色やレイアウトなどの画像全体の視覚的な類似性や、画像のどのような場所に何が写っているのかなど対象物の有無を画像間で比較、評価する」[183]ことによって、検索の手がかりとする。そして、複数の映像（動画）において、その映像が含む静止画について、代表的なものを取り出して比較したり、静止画内の物体を比較したりして、似た映像（動画）を探す。

　このようにして同一の映像を見つけ出す検索方法は、いわゆる違法動画（不正コピー）を見つけ出すためにも応用される。また、第7章第4節で述べたような、デジタル化による映像の創作に対しても、それが、なんらかの元データから加工されたかどうかを識別できるような技術が開発されつつある。たとえば、国際標準規格であるMPEG-7においては、改変や編集が加わっても元データの複製であることが検出できるようになる[184]という。

　画像検索の能力は今後飛躍的に向上する可能性があるが、2016年時点では、まだ、文字情報としてのメタデータによる検索に頼らざるをえない場合が多いといえる。

### 🎞 キャプションとメタデータの付与

　この場合、メタデータとして、特に留意しなくてはならないのは、キャプションである。このキャプションが不正確であったり不十分であったりすると、問題が生じる。

　たとえば、第2次世界大戦当時の映像に映っている航空機Aについて、その名称が何らかの事情で誤記され、その航空機よりも数年前に生産された

航空機 A' として記載されていたとしよう。そのキャプションを頼りに、その映像を第 2 次世界大戦についてのドキュメンタリー番組において使用した場合、実はその航空機がまだ生産されていない時期を描くシーンに挿入してしまうといったことが起こりうる。

　あるいはまた、映像アーカイブとデジタルライブラリーなど他のデジタルアーカイブとの連携においても、メタデータが不十分な場合は、問題が生じる。

　たとえば、ある作家の小説が映画もしくはテレビドラマとして映像化された際に、小説の題名（原作名）とは異なったタイトルが付与されたとしよう。この時、映画もしくはテレビドラマのメタデータに、その原作となった小説の題名が含まれていないようなことがあると、あるデジタルライブラリーでその小説を読み、その映像化された作品を視聴するために検索をおこなったとしても、捜し当てられないことになる。その作品は映像化されて存在しているにも関わらず、Web（ウェブ）上では（小説の映像化作品としては）存在しないに等しいことになり、サイト間の連携も断ち切られてしまう結果となる。

　著作権の問題はあるが、将来、劇映画やドキュメンタリーのシナリオや台本、ニュースのナレーションや字幕などを、メタデータとしてキャプションに使用することが広くおこなわれるようになる可能性もある。しかし、そうした場合でも元のシナリオや台本などに誤記があって、それが訂正されていない場合は、誤りが拡散する結果を招くことになる。

　メタデータ付与の問題は、ディープラーニングによる認識能力の向上など、技術の革新によって改善される可能性もあるが、現状では、まだ、実際に一つずつ人間が視聴して、専門家による同定をおこなうしかない段階にある。今後、AI（人工知能）による同定など、技術革新が望まれる分野である。

## 8-4 映像アーカイブの将来とインターネット連携

### 🎞 World Digital Library と Europeana

著作権やメタデータなどの課題があるとはいえ、次第に多くの映像コンテンツがインターネットで配信されるようになりつつある。そして、映像アーカイブとその他のデジタルアーカイブ（デジタルライブラリーやミュージアムなど）との連携が形成されつつある。その背景には、デジタル化の進展によって、アナログでは不可能だった異なるメディアの統合が可能になったことがある。ある作家のコンテンツが、小説、マンガ、映画、テレビドラマなど複数のメディアにおいて展開されている場合、検索のためのメタデータが適切に付与されていれば、それらのコンテンツを、メディアを横断して検索し、連続して閲覧できるようになったのである。

さまざまなデジタルアーカイブを連携させるためのポータルサイトも構築されている。国際的な連携としては、アメリカ議会図書館と UNESCO が始めた World Digital Library[185] がある。World Digital Library は世界各地に提携機関を持っており、2009 年から公開されたサイトは、「原稿、地図、貴重書、楽譜、レコード、フィルム、印刷物、写真、設計図などの世界中の文化資産に関する豊富な情報にアクセス」[186]できることを目指している。

一方、ヨーロッパでは、「欧州の文化資産を国や言語を超えて共通に利用できる共同ポータルとして計画された」[187] Europeana[188] が、「2007 年 7 月にスタート」[189]した。2008 年に正式公開された Europeana は、EU（ヨーロッパ連合）のデジタルアーカイブ群を集積させ、絵画、書籍、映画、写真、地図、文献などといった異なるメディアを統合的に検索できるポータルサイトとなっている。

World Digital Library と Europeana のサイトは、共にトップページのファーストビュー（最初に掲示される部分）に検索窓を設けており、その下にさまざまなテーマに沿った特集のサムネールを配するという構成になっている。インターネットならではの検索ポータルと従来の美術館や博物館にあった企画展示が組み合わされているともいえ、利用者が自ら情報を取りに

いくという利用の仕方と制作者が予め用意した情報が提示される中から選ぶという利用の仕方が両立されている。

## 映像アーカイブと他のデジタルアーカイブとの結びつき

　日本におけるデジタルアーカイブ連携の例としては、2013年3月に公開された「国立国会図書館東日本大震災アーカイブ　ひなぎく」[190]が挙げられる。「ひなぎく」は「東日本大震災に関するあらゆる記録・教訓を次の世代へ伝え、被災地の復旧・復興事業、今後の防災・減災対策に役立てられるように、公的機関、民間団体、報道機関等による記録・報告書や大学、学会、研究機関による学術研究の成果などを一元的に検索できるポータルサイト」[191]で、「東日本大震災に関する音声・動画、写真、ウェブ情報などを包括的に検索」[192]できる。

　しかし、日本においては、こうした災害情報など公共性の高いコンテンツを集めたポータルサイトを別にすると、文芸作品など商業性の高いコンテンツを集めたポータルサイトは、著作権処理の問題もあって本格的には構築されていない。映画やテレビドラマなどを配信する映像配信サイトと小説やマンガを検索・閲覧できるデジタルライブラリーとのインターネット上での連携は、これからの取り組みが待たれるという状況にある。映像配信サイトとデジタルライブラリーやミュージアムを連携させるポータルサイトが日本において構築されるのは将来のこととなるだろう。しかし、小説やマンガなどの書物と映画やテレビドラマといった映像コンテンツとを横断して検索し、閲覧できるようになれば、その利便性は極めて高いものとなる。未来における映像アーカイブは、インターネット上で他のさまざまなデジタルアーカイブと結びつき、相互の連携によってコンテンツの活用を図る存在となっていくだろう。

　映像アーカイブが保管するコンテンツをインターネットに配信する際には、映像配信サービスというべき業務が発生する。インターネット配信には相応の経費が発生するが、その経費をまかなうのが、利用者への課金（利用料）であるのか、広告費であるのか、あるいは、税金、公共料金、寄付金などで

あるのかに関わらず、経費がかかる以上は、経費に見合うだけの的確な運営をおこなう必要がある。次章では、この映像配信サービスの運営について述べる。

---

**さらに知識を広げ理解を深めるために——参考図書**

エマニュエル・オーグ『世界最大デジタル映像アーカイブ　INA（イナ）』（白水社，2007）は、フランスの映像アーカイブINAについて書かれたものだが、先進的な取り組みが数多く紹介されており、映像アーカイブについて考察する際には目を通しておくべき1冊である。

# 映像配信サービスの要理

## 9-1 映像配信サービスの構造

### 映像配信サービスの類別

　本書では映像配信サービスを、インターネット上のサイトを通じて、映像を有料または無料で、パーソナル・コンピューター、スマートフォンなどさまざまなデバイスに配信する際に必要となる作業をおこなう業務または事業のことと定義する。なお、第 7 章で述べたとおり本書では、なんらかの形態で映像（動画）を配信する機能を備えたサイトを映像配信サイトと呼称している。

　映像配信サイトを分別する属性には、第 7 章で述べたような、キャッチアップ型かアーカイブ型かなどの他に、その利用の対価が有料か無料か、コンテンツを収集する方法に投稿が含まれるか否かなど、さまざまなものがある。また、これらの属性を混淆して有するサイトもある。

　映像配信サービスが本格化したのは、21 世紀初頭のことである。

　日本では、2004 年に NTT 系列のぷららネットワークスが 4th MEDIA（2008 年にひかり TV に統合）と称する有料の動画配信事業を開始した。続いて、2005 年には、J：COM オンデマンド、USEN GyaO がやはり有料で映像配信サイトを開設した。これらは、本書の分類においては、有料かつアーカイブ型のサイトである。

　それに対して、無料を基本とする動画投稿サイトは、アメリカで YouTube が 2005 年、日本でニコニコ動画が 2006 年末にサービスを開始した。

　海外では、動画投稿によらない映像を配信するサイトは、イギリスでBBC iPlayer が 2007 年に、アメリカで Hulu が 2008 年に開設された。

　2008 年末には、キャッチアップとアーカイブ両方の配信形態を併せ持つ

NHK オンデマンドが日本で始まった。

一方、2007年には、キャッチアップ型でもアーカイブ型でもなく、同時中継の態様で配信をおこなう動画共有サイト Ustream がサービスを開始した。

2004年から2007年にかけての3年あまりの間に、アーカイブ、キャッチアップ、ライブという配信タイミングの違いによる配信形態の3様式、動画配信と動画投稿というコンテンツの収集方法の違いによる配信形態の2方式、有料か無料かという事業体制の違いによる配信形態の2類型が出揃ったことになる。

### 映像アーカイブと映像配信サイトの関係

ここで、映像アーカイブを、公共性をもって映像を収集し保存または公開をおこなうアーカイブという狭義のものだけでなく、なんらかの映像を体系的に収蔵するアーカイブという広義のものとして捉えた場合、映像アーカイブと映像配信サイトの関係は、図32のようになる。

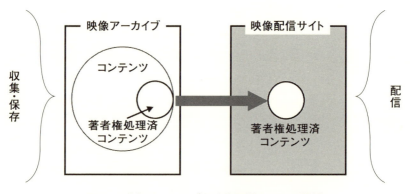

図32　映像アーカイブと映像配信サイトの関係

図に示したように、映像アーカイブと映像配信サイトとは、映像アーカイブが、その保管する映像コンテンツのうちの一部を映像配信サイトに提供し、どちらかが著作権処理をおこなって、映像配信サイトがコンテンツの配信をするという関係にある。この時、映像アーカイブがみずから映像を配信する

事業をおこなって映像配信サイトとなる場合もあれば、映像アーカイブは配信をおこなわず、他の映像配信サイトにコンテンツの一部または全部を提供するだけの場合もある。

## 映像配信サイトにおける業務の流れ

　映像アーカイブからコンテンツの提供を受けた映像配信サイトは、技術的措置をコンテンツに施すが、その一例を示せば、次のようになる。

　まず、コンテンツがアナログ素材の場合はデジタル化して動画ファイルを作成する。デジタル素材の場合は必要に応じてファイル形式の変換（トランスコード）をおこなう。その一方、コンテンツに関するメタデータの収集と作成をおこない動画ファイルに紐付ける。コンテンツの権利処理が済んでいない場合は権利処理をおこなうが、権利処理が済んでいる場合でも権利情報などを確認して、コンテンツの一部を編集したり加工したりすることがある。また、コンテンツを保護するためにDRM（デジタル著作権管理）をおこない、不正コピーを防ぐ処理をおこなう。最後に、コンテンツをサーバーに格納し、利用者の求めに応じて配信する。

　こうした措置以外にも映像配信サイトはさまざまな作業をおこなうが、その流れを大まかに図示すると、図33のようになる。図中、薄墨の部分が、コンテンツに技術的措置を施す過程であり、それ以外の部分は、サイト全体

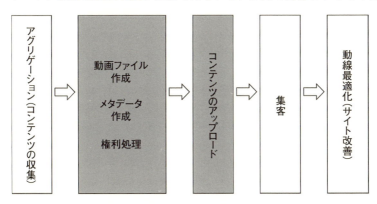

図33　映像配信サイト運営の流れ

の運営に関わる部分である。

　技術的措置を除き、映像配信サイトの運営は、次の三つの局面によって成り立っているということができる。すなわち、

・アグリゲーション（コンテンツの収集）
・集客
・動線最適化（サイト改善）

である。

　この三つは互いに関連してはいるが、ほぼ、ここに示した順で進行する。

　以下の節では、これら三つの局面について一つずつ詳述する。

## 9-2 コンテンツのアグリゲーション

### ▶ 元栓処理と蛇口処理

　アグリゲーションという語は、同種の複数のものを集めてまとめることを意味するが、本書では、映像配信サービスにおいて、配信するコンテンツ（映像）を集めるという意味で用いる。

　映像配信サイトがコンテンツを配信する際には、そのコンテンツに対する権利処理、すなわち権利関係の確認と配信の許諾が必要となる。

　この権利処理には、コンテンツの制作から配信までの流れを水道になぞらえて、元栓処理と呼ばれる方法と蛇口処理と呼ばれる方法がある。元栓処理とは、権利処理を「その権利物が含まれている番組等のコンテンツを保有するコンテンツホルダーが行う」ことであり、これに対して、蛇口処理は「番組の制作や管理に責任を持つ者ではなく、番組を送出したり配信したりする事業者が行う」ことである[193]。このことを映像配信サービスに則しておおまかにとらえれば、元栓処理とはコンテンツの制作者や保管者が制作段階あるいは保管段階で権利処理を済ませてしまうことであり、蛇口処理とは配信事業者がコンテンツの配信段階で権利処理をおこなうことであるといえるだろう。

　これら二つの方法は、配信形態に即して、以下のように適用されると考え

られる。

## 1　キャッチアップ型

映像配信サイトは、映画会社や放送局などが直近に上映あるいは放送をしたコンテンツに対してアグリゲーションをおこなう。この場合、権利処理は、予めコンテンツの制作時におこなわれることが多く、元栓処理となる。ただし、当初は配信の予定が無く権利処理を済ませていなかったコンテンツを、上映後や放送後に配信をおこなうことを決定した場合には、蛇口処理となる。

## 2　アーカイブ型

映像配信サイトは、映像アーカイブなどに収集されている既存のコンテンツに対してアグリゲーションをおこなう。この場合、権利処理は、コンテンツを配信しようと企図した際におこなわれることから、蛇口処理となる。

著作権処理は、通常、著作権者とその連絡先の確認からおこなわれる。著作権者に対し、配信の許諾が得られるかどうかの交渉をおこない、許諾が得られれば、次は、使用料（対価）を支払うか否かの交渉となる。使用料を支払うことになった場合は、想定される視聴数や配信期間などについて交渉がおこなわれ、合意に至れば配信が決定する。

映像配信サービスにおけるコンテンツのアグリゲーションは、配信サイト運営の成否を握っているといえる。アグリゲーションがうまくいかず、コンテンツが集まらなければ、その映像配信サイトの存在意義が問われることにつながりかねないからである。

トレソーラという映像配信サイトは2000年代前半に事業を開始したが、2009年にサービスを終了した。権利処理が進まずアグリゲーションがうまくいかなかったことが原因であるといわれている。

21世紀初頭に映像配信サービスが始まってから10年ほどが経過するうちに徐々に権利処理のノウハウと配信に対する認知（初期にはインターネットで配信するということに対して、不正コピーなどの温床になるのではという疑念や、実演家の間では、インターネットでいつでも視聴できるようになると存在価値が落ちるという懸念もあったという）が進み、現在では権利処理についてのノウハウも蓄積されて状況は異なってきていると思われる。

### ◼ コンテンツ・プロバイダーとプラットフォーム事業者の関係

しかし、コンテンツのアグリゲーションは、権利処理の問題だけではない理由に左右される場合もある。その理由とは、多数の配信サイトが林立する現況下における、コンテンツ・プロバイダー（コンテンツ・プロバイダとも呼ばれる）と配信事業者の関係である。

コンテンツ・プロバイダーとは、コンテンツの提供者という意味であるが、その中には、自ら映像アーカイブを構築することなく、あくまでコンテンツ制作者の立場に留まるものもある。

映像配信サイトが特に複数のコンテンツ・プロバイダーからコンテンツを集めて配信事業をおこなう場合、プラットフォーム事業者と呼ばれることがある。こうした関係を動画投稿サイトに敷衍すれば、投稿者がコンテンツ・プロバイダー、サイトがプラットフォームになっているともみなせるだろう。

プラットフォーム事業者には、自ら映像コンテンツ（場合によっては映像アーカイブ）を有するものと自らは映像コンテンツ（映像アーカイブ）を有せず、配信事業だけをおこなうものとがある。また、この関係は複数の事業者間でも成立するため、ある映像配信サイトが自らコンテンツを有していながら、そのコンテンツを配信するだけでなく、他のコンテンツ・プロバイダーからもコンテンツの供給を受けて配信する場合もある。

コンテンツ・プロバイダーとプラットフォーム事業者の関係を模式的に表せば図34のようになる。

図において、矢印はプラットフォーム事業者がおこなうコンテンツのアグリゲーションを表す。コンテンツ・プロバイダーAとCが複数のプラットフォーム事業者にコンテンツを提供しているのに対し、Bは一つのプラットフォーム事業者だけにしかコンテンツを提供していない。プラットフォーム事業者Xは、コンテンツ・プロバイダーAのみからコンテンツの提供を受けているが、そのコンテンツの種類はコンテンツ・プロバイダーAが他のプラットフォーム事業者（Y）に提供しているよりも多い。プラットフォーム事業者Yは三つのコンテンツ・プロバイダーからコンテンツの供給を受けている。プラットフォーム事業者Zはコンテンツ・プロバイダーCのみ

第9章 映像配信サービスの要理 145

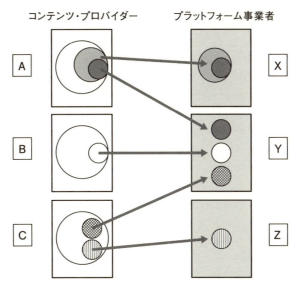

図34 複数のコンテンツ・プロバイダーとプラットフォーム事業者の相互関係

から提供を受けているが、そのコンテンツはCが他のプラットフォーム事業者には提供していないものである。この図はコンテンツ・プロバイダーとプラットフォーム事業者の相互関係の一例を示したもので、実際の関係は、さらに多くのコンテンツ・プロバイダーとプラットフォーム事業者が関与すること、また、コンテンツの提供期間もそれぞれ異なることによって、より複雑なものとなる。

あるコンテンツをプラットフォーム事業者に提供するかどうかの最終決定権は、通常はコンテンツ・プロバイダーである放送局や映画会社・制作会社などの側にある。また、あるプラットフォーム事業者が、高額の使用料を支払うことと引き換えに、有力なコンテンツの配信を独占的におこなう権利を得る場合もある。その場合、他の事業者は、そのコンテンツを配信できないことになる。

### ▣ オリジナルコンテンツの制作

もし、プラットフォーム事業者自らがあらゆる権利を持つコンテンツを有していれば、アグリゲーションに関して、コンテンツ・プロバイダーとの交渉や他のプラットフォーム事業者との競合を回避することができる。そこで、盛んになりつつあるのが、オリジナルコンテンツの制作である。

映像配信サービス会社である Netflix が制作しアメリカで 2013 年に配信した「ハウス・オブ・カード」は、エミー賞を受賞し、ヒットコンテンツとなった。第 7 章で述べたように、オリジナルコンテンツは YouTube を始めとする動画投稿サイトでも盛んに投稿されるようになっており、今後、一つの潮流となっていくと思われる。

しかし、多くの視聴を集めるような有力なオリジナルコンテンツを制作し続けるのは容易なことではない。

映画やテレビ番組ならば、上映あるいは放送された時点で、そのコンテンツがどの程度ヒットしたかがわかっているため、配信においてもどの程度視聴されるか推し量ることができる。また、ヒットしたコンテンツの場合は、ヒットしたこと自体が事前の宣伝となり、配信される際にも注目を集める。

しかし、インターネットでの配信が最初のリリースとなるオリジナルコンテンツでは、なんらかの方法でその存在を知らしめなければならない。テレビなど旧来のメディアを利用して大規模な宣伝をおこなう場合を別として、インターネット配信においては、その特性である双方向性を活用した広報がおこなわれる。また、映像配信サイトにとって、集客はオリジナルコンテンツを配信する場合に限らず重要な問題である。次節では、映像配信サイトにおける集客安定化の方策について述べる。

## 9-3 集客安定化の方策

### ▣ TVOD（都度課金）と SVOD（定額課金）

本書では、集客という語を、配信サイトに訪問者を集めることの意で用いる。

映像配信サイトの運営は、コンテンツ視聴への直接課金（いわゆる有料サイトの場合）や、広告、受信料などの公共料金、寄付金など（いわゆる無料サイトの場合）によって賄われる。サイトによっては、有料と無料双方のコンテンツを配信する場合もある。いずれの場合においても、サイトへの集客が運営の基盤となる。有料サイトであれば集客の多寡が収入に直接関わるし、無料サイトでも広告費による運営であれば広告収入の多寡に関わる。公共料金などの場合は、投入した額に見合った成果が得られたのかが問われることになる。

　集客数には、訪問者数、登録会員数、実働会員数（実際に利用料を支払う人の数）など、いくつかの概念があるが、そのどれを最重要の指標とするかは、サイトの運営方針による。

　通常は、

　　訪問者数＞登録会員数＞実働会員数

となるが、利用料収入を多くするためには、実働会員数を増やす必要がある。実働会員数の多寡は特に、利用料収入を運営の原資としているサイトにとって切実な課題である。

　利用料の課金の仕方には、都度課金と定額課金の2種類がある。都度課金とは、視聴の都度、コンテンツごとに利用料を課する方式である。定額課金とは、月極め[194]で一定料金を課し、決められた範囲内のコンテンツはどれだけ視聴してもかまわないという方式である。日本語では、都度課金によるコンテンツ視聴を単品視聴（またはペイ・パー・ビュー）、定額課金によるコンテンツ視聴を見放題視聴ということもある。英語では、都度課金はTVOD（Transaction Video On Demand）、定額課金は、SVOD（Subscription Video On Demand）と呼ばれる。

　訪問者に会員への登録をうながし、登録会員を増やすことは重要である。サイトによっては、当初、すべてのコンテンツを無料にして登録会員を増やしておき、その後、一部のコンテンツを有料にして、実働会員へのコンバージョン（会員登録や料金支払いなど、なんらかの行為を利用者がサイト内でおこなうこと）を発生させる戦略をとるところもある。

### ▶ SVODの利点と課題

　映像配信サービスが事業として始まった頃は、都度課金すなわちTVODが主流であったが、やがて、多くの事業者が定額課金すなわちSVODを採用するようになった。

　テレビドラマには、一つのシリーズが13回あるいは26回程度で構成されているものがある。また、NHKが制作する大河ドラマ（通常50回程度）や連続テレビ小説（通常150回程度）のように、より大規模なものもある。

　これらのコンテンツは連続して視聴するように制作されているため、そのコンテンツを気に入れば全部の回を視聴する利用者が多いが、都度課金では利用料が高額となる。一方、定額課金であれば、視聴期間内ではいくつでもコンテンツを視聴可能[195]であるため、利用料は一定の額に押さえられる。この関係は、携帯電話やインターネットの回線使用料における従量制と定額制の関係になぞらえられる。

　都度課金はヒットコンテンツの有無に集客が左右される。その結果、収入の変動も大きい。一方、定額課金であれば、解約が無い限り、集客は一定量を確保できる。月極めであれば、期限が来た時に解約が生じるが、その割合（解約率）を低く保ち、かつ契約率を高く保つことができれば経営は安定する。

　ただし、事業者にとって定額課金は、利用者獲得競争を招く可能性も有している。一つの定額課金配信サービスに加入した利用者は、もう一つ別の定額課金配信サービスに加入する可能性は低いと考えられるからである。

　定額課金事業者間の競争は、二つの局面で生じる可能性がある。一つは配信本数の多寡を競うもの、もう一つはキラーコンテンツ（多くの視聴が期待できるヒット作品）の有無を競うものである。

　定額料金に差がそれほど無いとすれば、利用者はできるだけ多くのコンテンツを配信している事業者を選ぼうとするだろう。逆に配信されるコンテンツの本数にそれほど差が無いとすれば、利用者はできるだけ低額の事業者を選ぼうとするだろう。

　ただし、料金が高くても、あるいは、配信本数が少なくても、特に人気の高いコンテンツ（いわゆるキラーコンテンツ）が、ある事業者だけにおいて

配信されていれば、利用者はその事業者の配信サービスに加入するだろう。ここにキラーコンテンツの獲得をめぐる競争が生じる。

## インターネットにおける広告

　配信本数を増やそうとする場合も、キラーコンテンツを獲得しようとする場合も、必要となる資金は累増する。したがって、いずれの場合も、資金力がある事業者ほど有利であると考えられる。ただし、インターネット配信の場合は、第7章で述べたように、テレビや映画のヒットコンテンツではなくても視聴されることもあるため、配信本数が少なく、ヒットコンテンツをあまねく揃えていない事業者であっても、一定の支持を受ける可能性がある。ここにおいて、配信事業者にとっては、自らが配信するコンテンツを的確に利用者に知らしめる方策、すなわち広報・宣伝の施策が重要な位置を占めることになる。

　インターネットが登場するまでのマスメディア（新聞・放送など）における広告は、その効果が曖昧であるといわれていた。アメリカの百貨店王で新聞に見開き広告を初めて掲載したことでも知られるジョン・ワナメーカーは、「私が広告に使う金の半分は無駄になることは知っている。しかし、それがどっちの半分なのかはどうしても解明できない」I know half the money I spend on advertising is wasted, but I can never find out which half. という言葉を残したといわれている。

　インターネットを利用した広告であれば、送り手と受け手が1対1で結ばれているため、その反響を新聞や放送などにおける広告よりも詳細に把握することができる。「インターネットの広告は、一見内容はテレビのコマーシャルと同様に見えるものでも、双方向性を生かして、誰がどのような前後関係で見ているかという情報を同時に得ること」[196]ができるからである。

　こうした双方向性による利用者のデータ収集とその活用は、インターネットでの映像配信サービスにおいては、利用者をサイトに誘導するための広報・宣伝の手段にとどまらない。広報や宣伝によって利用者をサイトに誘導した後、サイト内でどのような行動をするかの分析（Web解析）も重要な

施策となる。

## 9-4 Web解析による利用者の動線分析と映像配信サイトの編成

### 🎞 双方向性によって得られる情報

　第7章で述べたように、インターネット配信においては、双方向性のゆえに、受け手が何を求めてサイトに来ているかを送り手が把握することができる。（ただし、全ての受け手の情報が得られるわけではない）。インターネット上での利用者の動向を分析することは、一般にWeb（ウェブ）解析と呼ばれる。

　Web解析によって得られる情報は数多くあるが、映像配信サービスの運営において重要と思われるものには、たとえば以下のようなものがある。
○訪問者がどこから来たのか。
　サイトを訪れた人（訪問者）が、どこから来たのか。たとえば、検索エンジン経由なのか、他のサイトからなのか、ブログを見てからか、メールマガジンを読んでからか。また、検索エンジン経由の場合は、どのような検索ワードを用いたのか。メールマガジンの場合は、文中のどの部分をクリックしたのか。
○訪問者は新規かリピーターか。
　サイトを訪問した人は、それが初めての訪問なのか、それとも過去に訪れたことがあるリピーターなのか。
　以上はサイトを訪れる前までの情報だが、サイトの中に入ってからも以下のような情報が得られる。
○訪問者数。
　一定の期間に、サイト内のページごとに、どれくらいの訪問者があったのか。
○直帰率。
　訪問した人がサイト内のコンテンツを閲覧することなく、すぐに他へ行ってしまった場合、その行動を直帰と呼ぶが、直帰した人は全体の中でどれくらいの割合（直帰率）なのか。

○進入ページ（ランディング・ページとも呼ばれる）。

訪問者が最初に訪れるページは必ずしもサイトのトップページであるとは限らない。訪問者がサイトに入ってきた進入ページはどこか。

○離脱ページ。

訪問者が、サイトを離れる直前に閲覧していたページである離脱ページはどこか。

○ページ遷移。

訪問者のサイト内での行動、すなわち、どのページからどのようにページを移動して最後のページにいたったか、その遷移はどのようなものか。

○視聴数。

あるコンテンツについて、どれくらいの視聴があったか。

○視聴時間。

あるコンテンツについて、どれくらいの時間、視聴されたか。途中で視聴を止めたか、最後まで視聴したか。

こうした情報の取得について、サイト外およびサイト内での訪問者の動きに即して図示すると図35のようになる。

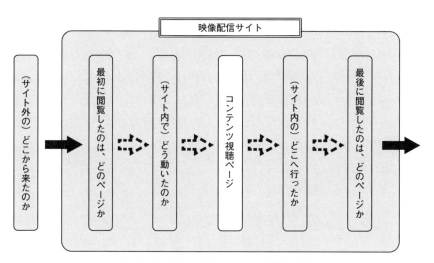

図35　訪問者の動きとWeb解析の項目

**▶ Web解析によるサイトの改善**

　得られた情報は、Web解析ソフトを用いることにより、訪問者の行動を視覚的に示すことにも使用される。

　たとえば、あるページ上で訪問者がクリックした部分に色をつけて強調すると同時に、その部分のクリック率（そのページを訪問した人のうち、どれくらいの人がその部分をクリックしたかの割合）をポップアップして示すことができる。このことによって、そのページのどこに訪問者が注意を引かれたのかを知ることが可能となる。あるいは、たとえばページ遷移であれば、あるページから遷移した先のページはどのようなページなのか、遷移先のページごとの割合はどれくらいなのかをグラフによって把握することもできる。

　Web解析とその結果によるサイトの改善は、映像配信サービスにとって極めて有益なものとなりうる。

　たとえば、視聴時間を分析することによって、あるコンテンツのどこで利用者が視聴を止めたのか、そして、止めた人の割合はどれくらいかを把握することができる。このことによって、そのコンテンツの構成上の問題点を発見することも可能であろう。

　また、視聴時間に関する情報を複数のコンテンツの比較に用いることもできる。たとえば、Xというコンテンツは始まって10分の時点で半数近くの利用者が視聴を止め、最後まで視聴した人は10％程度しかなかったのに対し、Yというコンテンツでは10分の時点で視聴を止めた人は５％程度に過ぎず、最後まで視聴した人が95％に達したという分析結果が得られれば、視聴時間において、XとYとの優劣を比較することが可能であろう。この時、第７章で述べたように、インターネット配信ではテレビの視聴率のようには偶然性や不確定要素に結果が左右されないという特性がさらに重要な意味を有することになる。ビデオオンデマンドによる視聴であれば、利用者は、そのコンテンツを視聴する意志をもって視聴していることは明確であるから、視聴数にはコンテンツの力が反映されるといえるが、同じことは、視聴時間についてもいえるからである。

こうした情報を組み合わせることによって、分析をおこない、利用者がコンテンツを見つけにくくはないか、思いがけないコンテンツが実は支持されているのに見落としていることはないか、などを探ることができる。そして、その結果を元にサイト内のコンテンツやページの配置を改善することが可能となる。これは、映像配信サイトの運営によって重要な業務となる。サイトによっては、この業務を専門とする（Webアナリストなどと呼ばれる）担当者を配する場合もある。

### 分析に基づくコンテンツの配置

映像配信サイトの編成は、こうした視聴データに基づいて、即座に変更を加えることができる点で、テレビの編成とは本質的に異なっている。テレビの編成においては、ある番組がヒットしたとしても、即座に編成を変更してその番組を繰り返し再放送することは困難である。予め定められた時刻表によって、他の番組で時間が埋められてしまっているからである。しかし、インターネット配信ならば、利用者の動向を把握する過程で、あるコンテンツがヒットの兆しを見せた時すぐに、そのコンテンツをより目立つ位置に置き換えたり、サイト上のさまざまな箇所に配置し目につきやすくしたりするという変更が常時可能である。

ここにおいて、インターネット配信における双方向性とは、単に1対1で送り手と受け手が結ばれていることにとどまらないことが明らかになる。受け手がコンテンツを選ぶという行動に対して、送り手の側が即座にコンテンツの編成を対応させ得るという、応答の即時性が双方向の真の意義なのである。

Web解析によって得られるデータは、映像配信サイトへの集客にも応用することが可能である。たとえば、サイトへの流入元がどこなのかを分析することによって、検索エンジンへの対策やニュースサイトへの出稿を検討し、その結果を確認しながら、より訪問者が多くなるように施策を組み合わせていくことができる。

あるいは、検索サイトなどから流入してきた訪問者が、どのようなキー

ワードまたはキーフレーズを検索に使用していたかを分析し、利用者のニーズを推し量ることもできる。

先に新規訪問者とリピート訪問者、それぞれのデータを得ることができると述べたが、ここから訪問者に占める新規訪問者の割合すなわち新規率と、リピート訪問者の割合すなわちリピート率が求められる。新規率とリピート率は、どちらかに偏らないことが望ましいといわれる。新規率が100%であれば、そのサイトが開設されたばかりである場合を除き、リピーターがいないということになり、サイトの満足率が低いことを示唆している可能性がある。一方、リピート率が100%であれば、新規の訪問者が全く訪れていないということになり、サイトの成長が止まっていることを示唆している可能性がある。

コンテンツごとの訪問者数と視聴数およびその割合を常に比較し、その推移を注視することは重要である。

仮に、あるコンテンツが他のコンテンツに比して、訪問者数が多い割に視聴数が少ないとする。このことは、そのページにおいてなんらかの視聴を阻む要因、たとえば、コンテンツが見つけにくい位置にある、あるいは、コンテンツの題名と内容が合致していない、などの不具合が無いか検討を要することを示唆している。この場合、コンテンツを見つけやすくするように配置を変えたり、コンテンツのメタデータを見直したりする施策を試みる価値がある。

一方、あるコンテンツが他のコンテンツに比して、訪問者数が少ない割に視聴数が多いとする。このことは、そのコンテンツが特定の人たちにだけ強い魅力を持つものであるか、あるいは、大勢の人たちに訴求する力を持つにも関わらずまだその存在がさほど知られていないことを示唆している。この場合、コンテンツの存在を知らしめるため、なんらかのWeb広報を試みる価値がある。

## 🎞 動線分析とA/Bテスト

Web解析において、ページ内の遷移を分析することを動線分析と（導線

分析とも）呼ぶことがある。

　たとえば、ある利用者があるコンテンツを視聴した後に、その利用者がサイトから離脱せずにサイト内にとどまって他のコンテンツを視聴したり、トップページに戻って検索窓で他のコンテンツを探したりした場合、それらのコンテンツが何であるかを知ることで利用者のニーズをより的確に把握できる。また、その際の利用者の動線、すなわち目的のコンテンツにたどり着くまでのページ遷移の回数と順序を検討し、より回数を少なく簡単に目的のコンテンツにたどり着くことができるようにサイトの構成を改善することもできる。こうした改善を動線の最適化と呼ぶ。

　Web 解析の手法の一つに A/B テストがある。Web 広報による集客の最適化あるいは、動線分析による動線の最適化をおこなう場合、この手法が用いられることがある。

　A/B テストとは、A と B の 2 種類のモデル（案）を同時に配信し、その結果を比較して、より目的の達成度が高いほうのモデル（案）を残す手法である。たとえば、サイト内のページをレイアウトする際、ある箇所において A/B テストを実施して、より良い結果が得られたほう（たとえば A）を残し、その後、また別の箇所で A/B テストを実施して、より良い結果が得られたほう（たとえば B）を残す。これを繰り返すことによって、ページを最適化することができる。

　A/B テストは、利用者に次のコンテンツを勧める際のレコメンデーションにも用いられることがある。

　あるコンテンツを見終わった後に、次の視聴候補を提示するレコメンデーションは、視聴履歴やタグによる関連付けなど、さまざまな方法でおこなわれる。視聴履歴の場合は、そのコンテンツを視聴した他の人が視聴しているコンテンツを視聴数など何らかの数値によってランク付けし、その順に視聴終了画面に複数個、提示する。タグによる関連付けの場合は、ジャンル、出演者、題名、シリーズタイトルなど予め付与されたタグ（付加情報）を参照して関連の度合いの高い順に視聴終了画面に提示する。

　その視聴終了画面に提示された複数のコンテンツから利用者が次のコンテ

ンツを選んだ場合、レコメンデーションが功を奏したことになるが、選ばなかった場合は、そうではなかったことになる。

この候補を提示する画面に、AとB二通りのパターン（たとえば一方はジャンルにより、他方は出演者によるなど）を用意しておき、利用者が選んだほうを残す。このテストを繰り返すことによって、次第に、その利用者の好み、すなわち、どういうレコメンデーションの仕方をすれば気に入るのか（利用者が無意識のうちにおこなっている選択行為の偏り）を把握することができる。その結果、レコメンデーションの精度を高めることができると考えられるわけである。

### 映像配信サイトの編成と人間の役割

以上、映像配信サイトにおけるWeb解析についてさまざまな手法を紹介してきた。インターネット配信が有する双方向性によって得られる情報は膨大であり、その集積は、まさにビッグデータと呼ぶのがふさわしい。しかし、そのビッグデータを活用するのは、AI（人工知能）の助けを借りるにしても最終的には人間である。『Webアナリスト養成講座』の著者アビナッシュ・コーシックは、「Web analyticsを成功に導くための公然の秘密」として、「重要なのは人。ツールやクールな技術ではない」[197]と述べている。その言のとおり、Web解析によって得られたデータを元に、人間が映像配信サイトにおける編成の工夫をすることが重要である。

たとえば、あるコンテンツが人気を集めた場合、その予告編やダイジェストなどを、本編の視聴ページやトップページの目立つ位置などに配置しておく。このダイジェストや予告編が、本編を視聴する前のいわば「お試し」として有効に機能すると考えられるからである。仮に、ある利用者の可処分時間、すなわち今空いている時間が1時間だったとする。そして、何か面白そうなコンテンツを探し、この1時間で視聴しようとする。その場合、その利用者は、いきなり1時間のコンテンツを見始めようとはしないことがある。そのコンテンツが面白くなかった場合、せっかくの1時間が無駄になってしまうからである。その時に、まず、30秒から5分程度までの予告編やダイ

ジェストを視聴して、そのコンテンツが面白そうかどうか確かめることができれば便利である。テレビや映画では、こうした「お試し」は、広告や宣伝としての予告編をたまたま目にするか、新聞や雑誌あるいは Web 上の記事を読むことでしかおこなえなかった。映像配信サービスでは、それをコンテンツ視聴のまさにその時におこなうことができる[198]。

　映像配信サイトの編成は、ある狙いやテーマをもって展開することもできる。たとえば、ある特定の題材（織田信長の本能寺の変など）を扱ったドラマが人気を集めた場合、そのドラマと同じ題材を扱うドキュメンタリーのサムネールをドラマの視聴ページに配置し、リンクを貼る。あるいは、その題材を扱ったコンテンツをドラマ、ドキュメンタリーなど類型を超えて集めた特集ページをつくる。こうした編成をおこなうことによって、利用者は一つの題材に沿って、さまざまなコンテンツを視聴し、興味や関心を広げていくことができる。

　これはテレビや映画ではその伝達の形態からなしえないことであり、むしろ実店舗の書店や図書館での展示企画コーナーに似た仕組みを Web 上で展開するものであるといえる。ここに至って、インターネット配信の編成は、図書館や博物館の学芸員が展示を企画する時のようなノウハウと知識を必要とすることになる。こうしたノウハウをもってコンテンツの編成をする新しい人材は、いわばメディアプロデューサーとでも呼ぶべき職種となるが、その意義と役割については次章において触れる。

―――― **さらに知識を広げ理解を深めるために――参考図書** ――――

　アビナッシュ・コーシック『Web アナリスト養成講座』（翔泳社，2009）は、内容は少し古くなっている可能性があるが、Web 解析の実践について詳細に記したもので、Web 解析のみならず、映像配信サイトの運営においても参考になる。

# 映像メディアの連携と融合

## 10-1 映画、テレビ、インターネット配信 それぞれの特性の比較

### 🎞 三つの映像メディアが有する特性の一覧

　映画、テレビ、インターネット配信という映像メディアの三つの階層について、第5章、6章、7章でそれぞれ述べたが、それらの特性を改めて比較し、整理すると表10のようになる。

表10　映画、テレビ、インターネット配信の比較

| | 伝送の方向 | 送り手と受け手 | 視聴態様 | 時制 |
|---|---|---|---|---|
| 映画 | 一方向 | 一対多 | 大勢が同じもの | 過去 |
| テレビ | 一方向 | 一対多 | 大勢が同じもの | 過去(ストック)と現在(フロー) |
| ネット配信 | 双方向 | 一対一(一対多および多対多も可) | 個々人が好きなもの(大勢が同じものも可) | 過去と現在を行き来できる |

　以下、項目ごとに3者を比較する。

### 🎞 伝送の方向

　まず、伝送の方向において、映画とテレビは、送り手から受け手への一方向である。したがって、送り手は受け手の側の情報を直接得ることは難しい。

コンテンツに対する受け手（映画の場合は観客、テレビの場合は視聴者）の反応を、数値として知る手段は、映画では映画館の入場者数あるいは興行収入、テレビでは視聴率が、多くの場合、用いられる。これに対して、インターネット配信は、送り手と受け手が双方向で結ばれている。したがって、送り手は受け手の行動に関する情報を直接取得することが可能である。コンテンツに対する受け手の反応は、視聴数の他、視聴時間（ビデオ滞在時間）など、さまざまな数値で知ることができる。テレビ放送の場合でも、受像機が通信回線で結ばれていれば、データ放送を利用して、視聴者のデータを取得することは可能である。しかし、第9章で述べたように、たとえデータが得られたとしても、それに即応して編成を変更させる瞬時の双方向性は、テレビ放送というメディアでは持ち得ない。一方、インターネット配信では、受け手の動向に追随して編成を変更し、その変更の結果を即座に把握して、編成を最適化していくことが可能である。

### 送り手と受け手の関係および視聴態様

次に送り手と受け手の関係および視聴態様において3者を比較する。

映画とテレビでは、送り手と受け手は1対多の関係にある。映画は映画館での上映、テレビは電波による伝送を前提として、コンテンツが制作されている。したがって、映画、テレビ、どちらの場合においても、通常は、複数の観客あるいは視聴者が同じコンテンツを視聴することになる。これに対して、インターネット配信では、送り手と受け手は1対1の関係にある。通常は、一人の利用者が一つのコンテンツを視聴する。したがって、皆が同じコンテンツを視聴するのではなく、各自が自分の選択したコンテンツを視聴することになる。ただし、同時に複数利用者が一つのコンテンツを視聴することも可能である。また、1対1の関係で結ばれた送り手と受け手は、同時に複数存在することも可能であるから、俯瞰してみれば、1対多あるいは多対多の関係が生じているとみなすこともできる。

### ▶ 時制

次に時制において3者を比較する。

映画はフィルムの現像を必要とすることから、そこに記録された内容は原理的に過去のものとなる。これに対してテレビは、電波によってコンテンツを送出することから、原理的に同時性を有している。このことは、映画にはなしえなかった同時中継において、明らかとなる。テレビにおいて、過去の記録（フィルムやVTRなどの記録媒体に収められた映像）が送出されることもあるが、送出されているその時においては、まさに現在であり、同時である。このことは、フィルムに記録された映画やVTRに収められたドラマなど（原理的に過去のものであるコンテンツ）が送出されているさなかに、画面内に上乗せされるテロップ（字幕）や、コンテンツを中断して送出される臨時ニュースの存在によっても裏付けられる。フランスの思想家レジス・ドブレは、映画とテレビを比較し、「映画には歴史がある。映画は歴史〈としてある〉。（中略）テレビには歴史はない。なぜならそれは瞬間だからだ」[199]と述べている。ただし、テレビにおける同時性とは厳密な物理的同時性だけを意味するものではない。本書における検討で明らかになったように、テレビの同時性とは映画のような事後の編集（ショットの順番の入換）による空間と時間の操作が、送出しているまさにその時ではなしえないという点に存する。

インターネット配信の時制は、映画の特性とテレビの特性を併せ持つ。ライブ（同時）配信においては、テレビと同様であり、キャッチアップ型やアーカイブ型のビデオオンデマンドにおいては映画と同様である。ライブ配信とキャッチアップ型やアーカイブ型の配信が組み合わされて配信された場合、（早戻し、早送りによって）利用者は現在から過去へと自在に行き来しながらコンテンツを視聴することが可能になる。

以上、伝送の方向、送り手と受け手の関係、視聴態様、時制という観点から三つの映像メディアを比較した。一覧表には、どの観点においても、次のメディアは前のメディアの特性を包含していることが示されている。すなわち、テレビは映画の特性を、インターネット配信はテレビの特性を包含して

いる。このことが、第1章で示した、前のメディアのコンテンツが次のメディアのコンテンツになるという、メディア転換における包含の経験則を成立させていることになる。

### 次のメディアに吸収されずに残る特性

ただし、メディアの転換の結果、前のメディアは消滅してしまうわけではない。映画はテレビの登場によって消滅することはなかったし、テレビも同様であると思われる。

映画もテレビも消滅することなく生き残るとするならば、メディアの包含において、次のメディアには吸収しきれずに残される、前のメディアの特性が存在すると考えられる。では、吸収されずに残る特性とは、どのようなものだろうか。

映画からテレビへの転換の場合、テレビに吸収されずに残されたものは、映画の非日常性だったと考えられる。映画館へ行くという行為は、日常生活から脱して特別な行動をとることであり、テレビやインターネット配信では代替できない。映画館へ行かなくてもホームシアターで同様のことはなしうるかもしれない。しかし、仮に家庭で大画面に映し、ホームシアターで非日常空間を作ったとしても、日常からは脱せない。電話がかかってきたり、生活音が聞こえたりするからである。こうしたことを避けるには、遮音・遮光を施した本格的なホームシアターを構築することになるが、そこで、映像コンテンツを鑑賞するということは、周囲との交渉を基本的には断ち切ることである。それは、結局、日常を脱して非日常的な経験をすることと等しい。映画館へ行くという行為はまた、不特定多数の人びとと空間を共有するということが前提になっている。第5章で述べたように、映画の誕生の時は、リュミエールが暗い空間でスクリーンに上映することによって多数の人びとに同時にコンテンツを見せることに成功した時とされている。このことは、映画はメディアとして誕生した時から、その本質的な特性として、非日常的なイベントとしての性格を備えるものだったことを示している。

インターネット配信からテレビへの転換の場合、インターネット配信に吸

収されずに残されるものは、テレビの受動性であると考えられる。インターネット配信においても、テレビと同様の日常性、同時性は有しうるが、居間に設置されたテレビ受信機のように、常に一方的に話しかける環境装置としての役割はテレビ特有のものであろう。インターネット配信においては、テレビを擬似的にインターネット上で再現する同時送信の場合を除き、情報を受け手の側から取りにいくことになる。その時、利用者の行動態様は、テレビのような受動ではなく、能動である。

このように、映像メディアの転換において、前のメディアは次のメディアで代替できない部分で固有の価値を保持し、次のメディアからは独立した存在であり続ける。このことから、それぞれのメディアだけが持つ特性を活かした、映像メディア間の連携あるいは融合の可能性が開かれる。

## 10-2 映画、テレビ、インターネット配信、相互の連携と融合

### 非日常と日常の組み合わせ

三つの映像メディア相互における連携と融合には、いろいろな組み合わせが生じうる。

映画とテレビの連携は、非日常である映画と日常であるテレビの連携である。ボードウェルとトンプソンが、「映画の快楽は映画館に出かけるという経験そのものに左右されるところがある」[200]と記しているように、映画の特性はその非日常性にある。映画は、非日常的な経験をする場として、テレビを凌駕する大画面と臨場感のある音響を持つコンテンツを提供する形で連携をなしてきた。テレビが登場して以降、（特にハリウッドの）映画において画面の大型化やSFX（特撮）を多用したスペクタル作品の制作が推進されたのは、このことを背景にしていると考えられる。今後は映画館をイベントの会場として用い、集まった人びとに非日常性を体感させると同時に、ライブを含めたビデオオンデマンドで配信し、集まった人びとには追体験を、集まれなかった人びとには疑似体験の共有を提供するという形態での連携も試みられていくだろう。

## ▶ メディアミックスとウィンドウコントロール

　映像メディアの連携は、メディアミックスと呼ばれて、あるコンテンツの企画段階から計画されることもある。テレビにおける映画の宣伝やDVDなどの発売予定、インターネットでの配信予定などをスケジュールに組んでおくのである。この連携は、ウィンドウコントロールと呼ばれる場合もある。コンテンツの提供時期をコントロールし、通常は、資金が最も大きく制作期間が長い映画を優先して、その宣伝をテレビでおこない、一定期間が経過した後、DVDなどのパッケージ、有料のテレビ放送やインターネット配信、さらに無料のテレビ放送やインターネット配信へと、順番にウィンドウ（コンテンツを見せる窓）を開いていく。また、この途中で、広報や宣伝のために、あえてコンテンツを無料で配信することもある。こうした場合、配信されるのは、そのコンテンツの一部分であったり、期間が限定されていたりすることが多い。

　この連携においては、一つのコンテンツが複数のメディアで展開されるが、各メディアは独立した「ウィンドウ（窓）」として配置される。そして、それらのメディアの間をコンテンツが順次渡り歩いていく継時的な連携であるといえる。

## ▶ 複数メディアの同時展開

　これに対して、次のような同時的な連携も起こりうる。

　たとえば、災害時におけるテレビとインターネット配信の連携である。インターネットはテレビに比して、通信回線の混雑による遅延やサーバーへの負荷による情報の途絶、あるいは脆弱性への攻撃による混乱といった点で不安定であるといわれる。大規模災害において、誰もが知っているべき基幹的な情報を、より安定的なテレビによってリアルタイムで伝える一方、インターネット配信では、それぞれの地域に応じた随時参照可能な個別情報が掲示されるという連携である。

　あるいは、災害のような非常時ではなく平常時の娯楽番組においても、テレビとインターネット配信の間で次のような連携がおこなわれうる。

たとえば、あるテレビドラマが連続13回で放送されているとする。裏番組が強力なため、視聴率は一桁で始まったが、内容が良く視聴した人の評価は高い。評判になって、新聞や雑誌でも取り上げられ、SNSでも話題になるが視聴率にはなかなか反映しない。テレビでの連続ドラマの場合、どんなに内容が良くても途中から視聴を集めるのは難しいのが通常である。なぜなら、連続ドラマであるがゆえに、途中から見たのでは物語が把握できなかったり、伏線がわからなかったりするからである。それなら再放送を初回から連続して実施すればよいではないかということになるが、放送では再放送の枠を確保することが難しい。既に編成が決まっていて、放送枠は通常すべて埋まってしまっているからである。特に視聴好適時間帯といわれる夜間に枠を空けることは極めて困難である。したがって、深夜や午後などに放送するしかないことになる。こうしてせっかく内容が良いドラマも多くの人に見られることなく13回の放送が終了してしまう可能性がある。

ところが、このドラマの放送中、ビデオオンデマンドがおこなわれていたとする。すると、ドラマの評判を聞きつけた人びとは、再放送を待つことなく、すぐに初回からそのドラマを視聴し、文字通り物語の展開にキャッチアップすることができる。

こうして物語の展開に追いついた（キャッチアップした）視聴者は、今度は、テレビでそのドラマを視聴しようとする可能性もある。そのドラマを気に入ると一刻も早く見たくなる人もいるからである。また、万一見逃してもオンデマンドで追いつけるという安心感から、視聴者が離れなくなることも考えられる。こうして、テレビからインターネット配信へ、そしてまたテレビへとという循環が発生する。これは、時間軸上で順次展開されるウィンドウコントロールとは異なる、同時進行形の相互連携である。

### 受動と能動のT字形連動

一方、テレビとインターネット配信の間では、より密接に、前のメディアと次のメディアが相互に影響を及ぼしあう、メディアの融合が生じうる。前のメディアと次のメディアは単なる包含関係におけるコンテンツとなるだけ

ではなく、メディアとして絡みあう態様を生じさせる。

　テレビとインターネット配信におけるコンテンツの送出形態を送り手と受け手の関係において改めて図示すると、図36のようにテレビは送り手から受け手へ一方的に情報を送る、いわばPush型の行為であるのに対して、インターネット配信は受け手が情報を取りに来る、いわばPull型の行為である[201]といえる。

　Pushにおいては、受け手は受動的である。一方、Pullにおいては、受け手は能動的である。エーレンバーグとバーワイズは、『テレビ視聴の構造』において、テレビでは「提示できる言語的情報のペースが、とりわけその連続的な順序が、すこぶる融通のきかないものになっている」と述べ、印刷物のように、「とばして読んだり、立ち止まったり、読み直したりすることが」可能ではないとしている[202]。しかし、テレビとインターネット配信が融合する場合、こうした難点が解消される可能性が生まれる。

　たとえば、ある視聴者がテレビのニュース番組を視聴しているとする。このニュース番組の中で、ある項目に興味を惹かれ、もっと深く知りたいと思った時、テレビ番組を離れて、インターネット配信による関連動画を視聴する。一つの動画を視聴し終わった後、さらに関連動画が複数提示されるので、その中から興味のあるものを選んで視聴する。テレビ番組が時間軸に沿った流れの中で項目を羅列していく中から、ある一つの項目を選んで、流

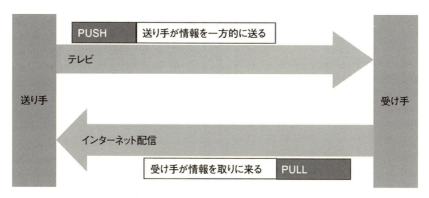

図36　テレビとインターネット配信におけるPushとPull

れから外れ、その項目をいわば「深堀り」していくことになる。

このテレビにおける時間軸に沿った流れとインターネット配信における時間軸を切断しておこなわれる深堀りの動きを合わせて図示すると、図37のようになる。

図は、横軸にテレビ番組の時間軸に沿った流れ、縦軸にある時点でのインターネット配信コンテンツの視聴の連鎖を、それぞれ線形に表したものである。二つの線の配置は、アルファベットのTの形状をなしている。

テレビのニュース番組はあまねく万人向けに作られているため、必ずしも深く掘り下げて一つの項目を伝えるわけではない。しかし、このようにテレビとインターネット配信を組み合わせて視聴すれば、偶然に出会った項目について存分に深く知ることができる。

この時、放送で流れているコンテンツがニュース番組のようなライブすなわち同時中継であっても、タイムシフトが可能なようにオンデマンドが組み合わされていれば、インターネットでの深堀りを終えた利用者は再び元の時

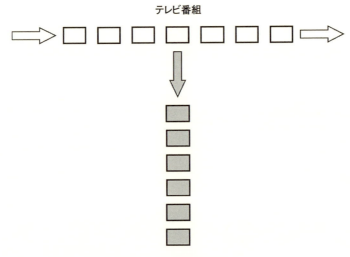

図37　テレビ番組の流れとインターネット配信コンテンツの深堀り

点に戻ってくることができる。

　その場合、時間軸上の流れは分断されている。もしそのコンテンツがテレビドラマのような物語性の強いものであるとすれば、その分断が、視聴の感興を削ぐものにもなりうる。しかし、その時点で、あえて物語の流れから出て関心がある事項を調べ、その後また物語に戻るという行動をとるかどうかの決定権は利用者にゆだねられている。それはちょうど小説を読んでいて、わからない言葉を辞書で引いたり後注を参照したりする場合に似ている。辞書や後注を参照することなく話の流れに没入するか、それとも、辞書や後注で確かめることでさらに深く理解しようとするか、その決定権は読者に委ねられているのと同様のことが、映像コンテンツの視聴でも生じるのである。この時、映像コンテンツの視聴は書物のそれに近づくことになる。

　以上、この節では、映像メディア相互の連携と融合について述べた。こうした連携と融合は、次節で述べるインターネット配信におけるマルチデバイス化と諸類型の統合によって、より円滑におこなわれるようになる。

## 10-3　インターネット配信におけるマルチデバイス化と諸類型の統合

### ▣ マルチデバイスの諸形態

　インターネット経由でコンテンツを受信することが可能な端末には、パーソナル・コンピューター、インターネット接続と閲覧の機能を持つテレビ受像機（スマートTVとも呼ばれる）、ゲーム機、タブレット、スマートフォンなどがある。

　マルチデバイスとは、さまざまな種類の端末に同時にコンテンツを配信したり、さまざまな種類の端末を組み合わせて用いたりすることである。

　たとえば、あるコンテンツを大画面テレビで視聴しながら、手元のスマートフォンを用いて、コンテンツに関する情報を検索したり、SNSでコンテンツを話題にしたり、オンデマンドで関連コンテンツを視聴したりする。これはマルチスクリーンと呼ばれる様態である。

　マルチスクリーンにおいては、前節で述べたテレビ放送の受動的な視聴と

インターネット配信の能動的な視聴とを、別のデバイスで同時におこなうことができることになり、いちいちデバイスを切り替える必要が無くなる。映像メディアの融合がさらに利便性を増した様態で実現するといえる。

マルチデバイスにはまた、持ち出し視聴と（持ち出し番組とも）呼ばれる様態もある。たとえば、あるコンテンツを、通信回線につながった自宅の大画面テレビで途中まで視聴した後、外出し、移動中における電車の待ち時間などに、その続きをスマートフォンで視聴する。そして、目的地に到着した後、空いた時間にさらにその続きを、今度はパーソナル・コンピューターで視聴する。この様態において、映像メディアは視聴する空間の束縛から解放されることになる。

映像メディアにおいては、映画は映画館で、テレビはテレビ受像機が置いてある場所（多くの場合、家庭の居間）でしか視聴できない時代が続いた。その後、小型のポータブルテレビや持ち運びのできるDVDプレーヤーが現れ、さらに、テレビ受信装置を内蔵した携帯電話[203]も開発された。空間の自由はそれなりに獲得されていたといえるが、スマートフォンによるインターネット配信は、次に述べる時間の自由をも併せ持つという点で、はるかに利便性の高い自由を実現したといえるだろう。

### ライブ、キャッチアップ、アーカイブの統合

ここでいう時間の自由とは、インターネット配信における諸類型を統合することによってもたらされるものである。諸類型の統合とは、すなわち、オリジナル、ライブ、キャッチアップ、アーカイブといった類型を組み合わせ、それぞれの境界を消滅させることを意味する。

映像メディアの第1階層である映画と、第2階層であるテレビにおいては、コンテンツの視聴は、空間だけでなく時間にも束縛されていた。映画作品は映画館で決められた時刻に上映されるものであったし、テレビ番組は放送時刻が予め定められていた。もちろん、ビデオテープレコーダーやDVDレコーダーなど録画再生装置によって、パッケージ化された映画やテレビ番組を好きな時に視聴することは可能ではあった。しかし、インターネット配信

における諸類型の統合は、録画機器とは異なる次元で時間の自由化を果たす。

　以下、まずインターネット配信における諸類型を整理して示す。

　オリジナルとは、映像配信サイトの運営事業者が、映像アーカイブに既に存在しているコンテンツではなく、また、映画会社や放送局など他の制作会社が既に制作したコンテンツではなく、自らの発案と資金により制作したコンテンツを、原則として自らの配信サイトで最初にリリース（公開）することをいう。このコンテンツはその後、テレビや他のサイトで順次公開されることもあり、その場合、最初に自らの配信サイトで公開することを先行配信とも呼ぶ。

　ライブとは、テレビの放送を同時に、あるいは配信サイトが独自におこなう実況中継を配信することをいう。

　キャッチアップとは、テレビで放送された番組（広義には映画館で上映された映画も含みうる）を放送直後（映画の場合は上映終了後）に、配信することをいう。配信期間は数日から1年程度と、通常、アーカイブより短い。

　アーカイブとは、映像アーカイブが所有するテレビ番組や映画などの映像コンテンツあるいは映像アーカイブには保管されていないが新たに「発掘」された過去のコンテンツを、配信することをいう。配信期間は、多くの場合、1年以上と、キャッチアップよりも長い。

　これらの類型は、本書を執筆中の2016年時点では、別個のサービスとして実施されている場合がほとんどである。別個のサービスとなっているのは、著作権処理の体系が別であること、サービスの開始時期がまちまちであること、古い配信システムが残っていることなど、さまざまな理由による。

　実際には、部分的な統合がおこなわれ始めてもいる。たとえば、ライブにおけるタイムシフトとは、実は同時配信とキャッチアップを融合させたものに他ならない。また、たとえば、キャッチアップ配信期間の延長を繰り返すか当初から長期の配信を設定することによって、キャッチアップとアーカイブの境界は事実上消滅する。

　今後、これらの類型を統合して一つのサービスとすることが進めば、利用者は、時間軸上を自在に行き来してコンテンツを視聴することができるよう

になり、これまでにない利便性が得られることになる。

　以上、本節では、インターネット配信におけるマルチデバイス化による空間の自由化とインターネット配信における諸類型の統合による時間の自由化とについて述べた。この二つ、すなわちデバイスの複合と諸類型の統合は、同時に用いることもできる。そして、そこに、新たなサービスが創造され、そのサービスを担う人材が求められる可能性が生じる。

## 10-4 新たなサービスの創造とメディアプロデューサーの役割

### 映像メディアの革命が生む新たな文化

　映像メディアにおけるデジタル化は「あらゆる種類のコンテンツ（テクスト、映像、音声など）を結びつけ、これらのコンテンツのあいだのナビゲーションを容易にするインターフェースをつくりだす」[204]ことを可能にした。その結果、フランスのINA（国立視聴覚研究所）では、「動画のなかにアクティブゾーンを作りだし、そこをクリックすることでテクスト、画像、アニメーション、音声などのウィンドーを開く」ことができ、「視聴覚資料からその他の視聴覚資料にナビゲートしたり、画像、写真、コメント、テクスト、インターネットサイトなどを呼びだす」[205]ことができる設備が開発された。

　フランスの哲学者ベルナール・スティグレールは同じくフランスの哲学者ジャック・デリダと1993年におこなった対談において、「映像処理と映像アーカイヴの装置が『庶民の家電』となる」とすれば、「ロックバンドが音声の『サンプリング』機器を自己のものとして音声アーカイヴの処理を行なうことで、主としてアーカイヴ操作から産出された新しい音楽が現われた」のとおなじような変化が映像メディアにもたらされるだろうと述べていた[206]。20年以上の時を経た今、この予言は現実のものとなりつつある。

　こうした映像メディアの変化——革命といってもよい変化——に対応して新たなサービスと文化を築く人材が求められている。

　日本では、2013年6月、知的財産戦略本部において「知的財産政策ビジョン」が決定され、四つの柱が定められた。その柱の一つが「デジタル・

ネットワーク社会に対応した環境整備」である。その項目の一つに「デジタル・ネットワーク環境促進の基盤整備」が挙げられ、「文化資産のデジタルアーカイブ化の促進」において「取り組むべき施策」として、「新たな産業や文化創造の基盤となる知的インフラを構築するため、書籍、映画、放送番組、音楽、アニメ、マンガ、ゲーム、デザイン、写真、文化財といった文化資産およびこれらの関連資料などのデジタル・アーカイブ化を促進するとともに、各アーカイブ間の連携を実現するための環境整備および海外発信の強化について検討し、必要な措置を講じる」ことが謳われている。

また、2015年に発表された「知的財産推進計画2015」においては、今後取り組むべき施策として、アーカイブ連携、著作権、メタデータ、人材育成があげられている。

いずれも重要な課題であるが、このうち、アーカイブ連携については第8章第4節において、著作権については第8章第2節において、メタデータについては第8章第3節で述べた。この節では、残る人材育成について述べる。

## 来るべきメディアにおいて必要とされる人材の条件

来るべき映像メディアにおいて必要とされる人材とはどのようなものだろうか。

それは、「知的財産推進計画2015」でいう狭義のアーカイブを担当することに加えて、映像メディアに関する知識と理解を充分に有する人材であるということになろう。本書で論じたことに則して述べれば、その資質とは、次のようなものと考えられる。

・コンテンツを同定する必要性を理解していること。
・フレーム内に映し出された映像が加工されたものである可能性を知っていること。
・フレームの外にあって映像には映し出されていない光景を推しはかれること。
・思想表現と映像コンテンツの関係について充分な知識を有すること。
・映し出された映像の裏に潜む送り手の意図について意識していること。

・コンテンツのアグリゲーションを的確におこなえること。
・双方向によって得られる受け手の行動から映像配信サイトの集客とサイト内および他のサイトとの連携における動線を最適化できること。

2009 年に発行された『映像アーカイブのノート』においては、一人で多数の仕事をこなす「"ハイパー"フィルム・アーキビストは、映画保存の専門家であるというのみならず、可能性としては、キュレーター、プログラマー、保存庫の管理者、IT コーディネーター、システム・インテグレーター、フィルムの配送係、映画史家、テクノロジスト、そして、ファンドレイザー、つまり資金を調達する人の役もしなければならない」[207]と述べられている。

この指摘は、2016 年の時点でなお傾聴に値するものであるばかりか、ますます現実味を帯びたものとなっているといえる。

近年、インターネット上の情報を整理し、随時配信するキュレーションマガジンやニュースアプリといった新しいサービスが次々に登場している。こうしたサービスの中核的な人材であるキュレーターには、映像コンテンツと映像メディアに関する知識と理解が求められることになるだろう。

ライブ配信の映像に対し SNS を場として利用者が話題を共有するという新たな視聴形態も生まれつつある。今後、こうした SNS におけるライブ配信とキャッチアップ型、アーカイブ型の配信が統合されれば、インターネット上に、これまでにない態様の映像メディアが誕生することになる。この新しい映像メディアでは、マルチデバイスを活用した、画期的なサービスが今後も産み出され続けるだろう。

ライブ配信の途中で視聴を中断し、検索によって出演者やロケ地などの情報を入手したり、過去のライブのダイジェストを視聴したり、SNS で話題を交換したり人気投票をおこなったりした後、再びライブに戻り、中断していた箇所からタイムシフトによって視聴を再開するといった視聴行動も、なめらかに実施できるようになるだろう。書物を読むように、中断や再開を繰り返し、注釈や参考資料を閲覧しながら、映像コンテンツを視聴することも可能になるだろう。

双方向によって、送り手と受け手が一体化し、同時性と随時参照性を兼ね備えたメディアが、どのように社会を変えていくのかは、後世にならねば正確に把握することはできない。しかし、かつてグーテンベルクの活字印刷術が、宗教改革や科学革命、ひいては近代社会を産み出す重大な要因となったように、インターネット上の映像メディアが大きな変革の起爆剤となることには充分な可能性があると思われる。

　そこでは誰もが同一の時間と空間に縛られていた20世紀における映像メディアの態様は消失し、編集による時間と空間の操作とは性質の異なる、時間と空間が渾然としたサイバースペースがインターネット上において展開されることになる。そして、大航海時代に羅針盤が必要とされたように、サイバースペースの水先案内人が求められることになる。その仕事は、映像アーカイブのキュレーションと新サービスの開発や運営を統合したこれまでにない領域に属し、その職名はメディアプロデューサーと呼ぶのがふさわしい人材であるだろう。

## 注

1) 政府長期統計および電通「日本の広告費」などを元に作成。
2) 村山匡一郎編『映画史を学ぶクリティカル・ワーズ　新装増補版』（フィルムアート社，2013）p.171
3) 同上．p.160
4) 日本放送協会放送文化研究所「特集・日本におけるテレビ普及の特質　3分冊の1」『放送学研究8』（日本放送出版協会，1964）p.9
5) 同上．p.9
6) 同上．p.9
7) ウィルソン P. ディザード『世界のテレビジョン』津川秀夫訳，（現代ジャーナリズム出版会，1968）p.115
8) 政府長期統計および電通「日本の広告費」などを元に作成。
9) 村井純『インターネット新世代』（岩波書店，2010）p.31
10) アメリカの業界団体 Internet Advertising Bureau のプレスリリースによる。2014年4月10日発表。〈http://www.iab.com/〉［2016年5月31日閲覧］正確には interactive advertising revenues（双方向メディアによる広告収入）が broadcast television advertising revenues（テレビ放送による広告収入）を抜いたと記されている。この broadcast television advertising は national network, syndication and spot TV とのことで、ケーブルテレビでの広告収入は含まれていないようである。ケーブルテレビを含めると、この時点では依然としてテレビがインターネットを上回っていると思われる。なお、イギリスでは既に、2009年にインターネットの広告費がテレビを抜いてしまっているといわれる。
11) NHK 放送文化研究所「日本人とテレビ　2015」調査。
12) NHK 放送文化研究所「『日本人とテレビ　2015』調査　結果の概要について」p.1。〈http://www.nhk.or.jp/bunken/research/yoron/pdf/20150707_1.pdf〉［2016年5月31日閲覧］
13) 同上．
14) NHK 放送文化研究所「『日本人とテレビ　2015』調査　結果の概要について」p.5 より。〈http://www.nhk.or.jp/bunken/research/yoron/pdf/20150707_1.pdf〉［2016年5月31日閲覧］
15) 同上．
16) 同上．p.6 より。
17) 日本大学芸術学部映画学科編『映画製作のすべて　映画製作技術の基本と手引き』（写真工業出版社，1999）p.7
18) 村井純『インターネット新世代』（岩波書店，2010）p.202
19) 映画館でテレビ放送を映しだすことはできる。

20) テレビ受像機がインターネット回線に接続されていれば、データ放送によってある程度の双方向性を持つことはできる。
21) エマニュエル・オーグ『世界最大デジタル映像アーカイブ INA（イナ）』西兼志訳（白水社，2007）p.58
22) YouTube 日本版公式ブログの記載による。2012 年 1 月 24 日の記事。〈http://youtubejpblog.blogspot.jp/2012/01/60-40.html〉［2016 年 5 月 31 日閲覧］
23) アメリカでは視聴者（市民）が番組を放送できるパブリック・アクセス・テレビが存在するが、これは制作者がテレビ局ではなく市民であるというものであり、インターネット配信におけるような双方向性は成立していない。
24) マーシャル・マクルハーン『メディア論　人間の拡張の諸相』栗原裕，河本仲聖訳（みすず書房，1987）p.327．原著の刊行は 1964 年。
25) ジョルジュ・サドゥール『世界映画全史 1　諸器械の発明 1832-1895　プラトーからリュミエールへ』村山匡一郎，出口丈人訳（国書刊行会，1992）p.289
26) 同上．p.294
27) ジル・ドゥルーズ『シネマ 1　運動イメージ』財津理，齋藤範訳（法政大学出版局，2008）p.42
28) 山下慧，井上健一，松崎健夫『現代映画用語事典』（キネマ旬報社，2012）p.69
29) 同上．p.35
30) デイヴィッド・ボードウェル，クリスティン・トンプソン『フィルム・アート　映画芸術入門』飯岡詩朗他訳（名古屋大学出版会，2007）p.221
31) 同上．p.253
32) 映画に言語と似た文法の規則をつくろうとした事例については、ジャック・オーモンほか『映画理論講義　映像の理解と探究のために』武田潔訳（勁草書房，2000）p.199 を参照のこと。
33) クリスチャン・メッツ『映画における意味作用に関する試論　映画記号学の基本問題』浅沼圭司監訳（水声社，2005）p.108。なお、ドゥルーズは「映画は（中略）言語活動でさえもない」と述べている。（『シネマ 2　時間イメージ』p.360）
34) ボードウェルとトンプソンは、想定線について、「180 度システムは、フレーム内の相対的な位置関係の一貫性を保証する」と述べている。デイヴィッド・ボードウェル，クリスティン・トンプソン『フィルム・アート　映画芸術入門』飯岡詩朗ほか訳（名古屋大学出版会，2007）p.296
35) 同上．p.292
36) アンドレ・バザン『映画とは何か（上）』野崎歓，大原宣久，谷本道昭訳（岩波書店，2015）p.105

37) この実験についての詳細は、ジョルジュ・サドゥール『世界映画史 第 2 版』丸尾定訳（みすず書房，1980）p.157 他を参照。なお、ドゥルーズはこの「クレショフ効果」は、顔の様々な表現＝表情の多義性［曖昧さ］によるものとしている。（『シネマ 1　運動イメージ』p.195）
38) レフ・クレショフ『映画監督論』馬上義太郎訳（映画評論社出版部，1937）p.23。旧字体は新字体に改めた。
39) 同上，pp.20-21。クレショフの記述はここに記したよりも詳細なものだが、ここでは簡略化して示した。
40) アンドレ・バザン『映画とは何か（上）』野崎歓，大原宣久，谷本道昭訳（岩波書店，2015）p.107
41) エイゼンシュテイン『エイゼンシュテイン解読　論文と作品の一巻全集』岩本憲児編（フィルムアート社，1986）p.68
42) アンドレ・バザン『映画とは何か（上）』野崎歓，大原宣久，谷本道昭訳（岩波書店，2015）p.108
43) 映画『イングリッシュ・ペイシェント』におけるショットごとの分析は、トーマス・エルセサー，ウォーレン・バックランド『現代アメリカ映画研究入門』水島和則訳（書肆心水，2014）に詳しい。
44) シド・フィールド『映画を書くためにあなたがしなくてはならないこと　シド・フィールドの脚本術』安藤紘平ほか訳（フィルムアート社，2009）p.192
45) 同上．p.213
46) ロバート・スタム，ロバート・バーゴイン，サンディ・フリッタマン＝ルイス『映画記号論入門』丸山修他訳（松柏社，2006）p.168
47) 同上．p.168
48) 同上．p.169
49) 同上．p.169
50) たとえばトーマス・エルセサー，ウォーレン・バックランド『現代アメリカ映画研究入門』水島和則訳（書肆心水，2014）所収「クラシックな物語／ポストクラシックな物語」を参照。
51) 同上
52) ディヴィッド・ボードウェル「古典的ハリウッド映画」杉山昭夫訳（岩本憲児，武田潔，斉藤綾子編『「新」映画理論集成 2　知覚／表象／読解』所収）（フィルムアート社，1999）p.193
53) シド・フィールド『映画を書くためにあなたがしなくてはならないこと　シド・フィールドの脚本術』安藤紘平ほか訳（フィルムアート社，2009）p.17
54) 同上．p.17 の図を元に作成。
55) 同上．p.17 より引用。

56) シド・フィールド『シド・フィールドのシナリオ講座』高久通代訳（『シナリオ入門』所収）（宝島社，1991) p.81 参照
57) シド・フィールド『映画を書くためにあなたがしなくてはならないこと　シド・フィールドの脚本術』安藤紘平ほか訳（フィルムアート社，2009) p.150
58) 同上. p.154
59) 同上. p.155
60) デイヴィッド・ボードウェル，クリスティン・トンプソン『フィルム・アート　映画芸術入門』飯岡詩朗ほか訳（名古屋大学出版会，2007) p.86
61) シーラ・カーラン・バーナード『ドキュメンタリー・ストーリーテリング「クリエイティブ・ノンフィクション」の作り方　日本特別編集版』島内哲朗訳（フィルムアート社，2014) p.106
62) エリック・バーナウ『ドキュメンタリー映画史』安原和見訳（筑摩書房，2015) p.380
63) デイヴィッド・ボードウェル，クリスティン・トンプソン『フィルム・アート　映画芸術入門』飯岡詩朗ほか訳（名古屋大学出版会，2007) p.124
64) ウォーレン・バックランド『フィルムスタディーズ入門　映画を学ぶ楽しみ』前田茂，要真理子訳（晃洋書房，2007）
65) ダニエル・アリホン『映画の文法　実作品にみる撮影と編集の技法』岩本憲児，出口丈人訳（紀伊国屋書店，1980）
66) 日本語版では、劇映画と訳されている。
67) ポール・ローサほか『ドキュメンタリィ映画　あるがままの民衆の生活を創造的に、社会的関連において解釈するための映画媒体の使用法について』厚木たか訳（未来社，1976) pp.88-89
68) マーティン・エスリン『テレビ時代』黒川欣映訳（国文社，1986) pp.28-33
69) 『アラン』においてではないが、フラハティはドキュメンタリー映画『極北のナヌーク』の撮影時に、取材相手に「もう一度」という言葉を何度となくいっていたに違いないということが、残された日記の記述から推測されている。エリック・バーナウ『ドキュメンタリー映画史』安原和見訳（筑摩書房，2015) p.44
70) 同上. p.107
71) 同上. p.46
72) 同上. p.107
73) 同上. p.109
74) 1991年にNHKが制作した『NHKスペシャル　パールハーバー　日米の運命を変えた日』（アメリカABCとの国際共同制作）でも、再現映像が使われているが、真珠湾攻撃のシークエンスの冒頭で、以後の場面には一部再現映像が使われることの断りをいれている。

75) ジョルジュ・サドゥール『世界映画全史 1　諸器械の発明 1832-1895　プラトーからリュミエールへ』村山匡一郎，出口丈人訳（国書刊行会，1992）p.212
76) 同上. pp.204-205
77) 実際に、装置を考えついたのは弟のルイ・リュミエールであるという。同上. p.283
78) ジルベール・コアン＝セア「研究の対象」『映画哲学の諸原理に関する試論』武田潔訳（岩本憲児，波多野哲朗編『映画理論集成』所収）（フィルムアート社，1982）p.160
79) ジョルジュ・サドゥール『世界映画史　第 2 版』丸尾定訳（みすず書房，1980）p.26
80) 同上. p.18
81) 同上. p.27
82) 同上. p.24
83) C・W・ツェーラム『映画の考古学』月尾嘉男訳（フィルムアート社，1977）p.244
84) 同上. pp.306-307
85) ジョルジュ・サドゥール『世界映画史　第 2 版』丸尾定訳（みすず書房，1980）p.40
86) 当初はクランズマンという題名だったといわれている。
87) ジョルジュ・サドゥール『世界映画史　第 2 版』丸尾定訳（みすず書房，1980）p.101
88) 同上. p.90
89) ベラ・バラージュ『映画の理論』佐々木基一訳（學藝書林，1970）p.25
90) 同上. p.25
91) 同上. p.25
92) ポール・ローサほか『ドキュメンタリィ映画　あるがままの民衆の生活を創造的に，社会的関連において解釈するための映画媒体の使用法について』厚木たか訳（未来社，1976）p.38
93) ジョルジュ・サドゥール『世界映画史　第 2 版』丸尾定訳（みすず書房，1980）p.111
94) 同上. p.158
95) エリック・バーナウ『ドキュメンタリー映画史』安原和見訳（筑摩書房，2015）p.70
96) 同上. p.64
97) ジークフリート・クラカウアー『カリガリからヒトラーへ　ドイツ映画 1918-33 における集団心理の構造分析』丸尾定訳（みすず書房，1995）p.5

98) エリック・バーナウ『ドキュメンタリー映画史』安原和見訳（筑摩書房，2015）p.97
99) 同上．p.95
100) 同上．p.110
101) 同上．p.111
102) レニ・リーフェンシュタール『回想　上』椛島則子訳（文藝春秋，1991）pp.225-226。ただし、リーフェンシュタールの記憶は曖昧である可能性もある。
103) 同上．p.226
104) エリック・バーナウ『ドキュメンタリー映画史』安原和見訳（筑摩書房，2015）p.115
105) ジークフリート・クラカウアー『カリガリからヒトラーへ　ドイツ映画1918-33における集団心理の構造分析』丸尾定訳（みすず書房，1995）p.286
106) エリック・バーナウ『ドキュメンタリー映画史』安原和見訳（筑摩書房，2015）p.154
107) アドルフ・ヒトラー『ヒトラーのテーブル・トーク　1941-1944　上』吉田八岑監訳（三交社，1994）p.100
108) エリック・バーナウ『ドキュメンタリー映画史』安原和見訳（筑摩書房，2015）p.159
109) 同上．p.175
110) 同上．p.177
111) 同上．p.178
112) 同上．p.191
113) 同上．p.117
114) 同上．p.117
115) 同上．pp.379-380
116) NHK放送文化研究所『NHKデータブック　世界の放送2015』（NHK出版，2015）ほか。
117) ウィルソン P. ディザード『世界のテレビジョン』津川秀夫訳（現代ジャーナリズム出版会，1968）では、この時をテレビの歴史の上での画期としている。（同書 p.22）
118) 同上．p. 6
119) ウンベルト・エーコ『開かれた作品』篠原資明，和田忠彦訳（青土社，2011）p.237
120) ジョン・フィスク『テレビジョンカルチャー　ポピュラー文化の政治学』伊藤守ほか訳（梓出版社，1996）pp.35-36
121) ウンベルト・エーコ『開かれた作品』篠原資明，和田忠彦訳（青土社，2011）

pp.237-238
122) ウンベルト・エーコ『失われた透明性』西兼志訳（水島久光，西兼志著『窓あるいは鏡　ネオ TV 的日常生活批判』所収），（慶應義塾大学出版会，2008）pp. 3 - 5
123) ワーナー・リンクス『第 5 の壁テレビ　その歴史的変遷と実態』山本透訳（東京創元社，1967）
124) 映画でもミュージカル映画やインタビューを用いるドキュメンタリーなどでは、まっすぐカメラに向かって話す人物が登場することがある。バーナウは、「この手法はのちにテレビで広く使われることになる」と記している。（エリック・バーナウ著，安原和見訳，『ドキュメンタリー映画史』，筑摩書房，2015，pp.105-106）
125) ウンベルト・エーコ『失われた透明性』西兼志訳（水島久光，西兼志著『窓あるいは鏡　ネオ TV 的日常生活批判』所収），（慶應義塾大学出版会，2008）pp. 6 - 7
126) パトリック・バーワイズ，アンドルー・エーレンバーグ『テレビ視聴の構造　多メディア時代の「受け手」像』田中義久，伊藤守，小林直毅訳（法政大学出版局，1991）p.212
127) エリック・バーナウ『映像の帝国　アメリカ・テレビ現代史』岩崎昶訳（サイマル出版会，1973）p.51
128) 同上．pp.51-52
129) ウィルソン P. ディザード『世界のテレビジョン』津川秀夫訳（現代ジャーナリズム出版会，1968）p.104
130) エリック・バーナウ『映像の帝国　アメリカ・テレビ現代史』岩崎昶訳（サイマル出版会，1973）p.126
131) 同上．p.127
132) ブルース・カミングス『戦争とテレビ』渡辺将人訳（みすず書房，2004）p.112
133) エリック・バーナウ『ドキュメンタリー映画史』安原和見訳（筑摩書房，2015）p.295
134) ウンベルト・エーコ『開かれた作品』篠原資明，和田忠彦訳（青土社，2011）p.236
135) エリック・バーナウ『ドキュメンタリー映画史』安原和見訳（筑摩書房，2015）pp.300-301
136) ウンベルト・エーコ『失われた透明性』西兼志訳（水島久光，西兼志著『窓あるいは鏡　ネオ TV 的日常生活批判』所収），（慶應義塾大学出版会，2008）pp.17-18

137) エリック・バーナウ『映像の帝国 アメリカ・テレビ現代史』岩崎昶訳（サイマル出版会，1973）p.212
138) 同上．p.215
139) エリック・バーナウ『ドキュメンタリー映画史』安原和見訳（筑摩書房，2015）には、湾岸戦争中の特ダネ映像が当初放送されなかった例が紹介されている。p.377 参照。
140) ブルース・カミングス『戦争とテレビ』渡辺将人訳（みすず書房，2004）p.128
141) フランス現代思想で用いられる概念。その意味を一言で述べるのは難しいが、対応するオリジナルを持たないコピーという意味で用いられることが多い。元来は虚像や模造品という意味。
142) ジャン・ボードリヤール『湾岸戦争は起こらなかった』塚原史訳（紀伊國屋書店，1991）p.95
143) レジス・ドブレ『イメージの生と死 レジス・ドブレ著作集4』嶋崎正樹訳（NTT出版，2002）pp.368-369
144) ジャック・デリダ，ベルナール・スティグレール『テレビのエコーグラフィー デリダ〈哲学〉を語る』原宏之訳（NTT出版，2005）pp.68-69
145) 同上．p.128
146) ヒルマン・カーティス『ヒルマン・カーティス：ウェブ時代のショート・ムービー』吉田俊太郎訳（フィルムアート社，2006）p.87
147) 社団法人デジタルメディア協会編『AMD白書2010 ネットワークコンテンツ市場の動向とビジネスフロンティア』（デジタルメディア協会，2010）p.81 の記述による。
148) YouTube 日本版公式ブログの記載による。2010年5月23日の記事。〈http://youtubejpblog.blogspot.jp/2010/05/youtube-5-1-20.html〉［2016年5月31日閲覧］
149) 総務省『平成23年版情報通信白書』p.66 掲載の図を引用。（原出典）総務省「ICTインフラの進展が国民のライフスタイルや社会環境等に及ぼした影響と相互関係に関する調査」（平成23年）（ネットレイティングス（株）「Net-View」により作成）。平成17～平成20年までは「家庭からの利用者数」、平成21年以降は「家庭＋職場からの利用者数」を示す。
150) 同時再送信とも呼ばれる。
151) アメリカのパブリック・アクセス・テレビについては、ローラ・R. リンダー『パブリック・アクセス・テレビ 米国の電子演説台』松野良一訳（中央大学出版部，2009）が詳しい。
152) エリック・バーナウ『ドキュメンタリー映画史』安原和見訳（筑摩書房，

2015）p.374。原著は 1993 年版。
153）ジャック・デリダ，ベルナール・スティグレール『テレビのエコーグラフィー　デリダ〈哲学〉を語る』原宏之訳（NTT 出版，2005）p.96。対談がおこなわれたのは 1993 年、原著の刊行は 1996 年。
154）クリスチャン・メッツ『映画における意味作用に関する試論　映画記号学の基本問題』浅沼圭司監訳（水声社，2005）p.127
155）ロバート・スタム，ロバート・バーゴイン，サンディ・フリッタマン＝ルイス『映画記号論入門』丸山修他訳（松柏社，2006）p.86（原著の刊行は 1992 年）
156）1990 年代にハリウッドに渡った日本人の特殊効果制作者は、当時、最新だったデジタル画像加工ソフトを用いる特撮の技法を目の当たりにし、日本の特撮技術ではどうしても消すことのできなかった吊り線が、デジタル技術によって完璧に消失した時の思いを書き残している。有田勝美『デジタル SFX の世界　ハリウッド映像革命の現場から』（日経 BP 出版センター，1995）
157）ウォルター・マーチ『映画の瞬き　映像編集という仕事』吉田俊太郎訳（フィルムアート社，2008）p.183
158）レフ・マノヴィッチ『ニューメディアの言語　デジタル時代のアート、デザイン、映画』堀潤之訳（みすず書房，2013）p.411
159）同上．p.413
160）同上．p.416
161）東京国立近代美術館フィルムセンター「FIAF70 周年記念マニフェスト『映画フィルムをすてないで！』」〈http://www.momat.go.jp/fc/aboutnfc/fiaf70th manifesto/〉［2016 年 5 月 31 日閲覧］
162）エリック・バーナウ『ドキュメンタリー映画史』安原和見訳（筑摩書房，2015）p.32
163）同上．p.75
164）英国映画協会の設立は 1933 年。
165）ジャン＝リュック・ゴダール『ゴダール/映画史　Ⅱ』奥村昭夫訳（筑摩書房，1982）p.444
166）この時の事情は、リチャード・ラウド『映画愛　アンリ・ラングロワとシネマテーク・フランセーズ』村川英訳（リブロポート，1985）pp.66-67 に詳しい。
167）東京国立近代美術館フィルムセンター「映画保存とフィルムアーカイブの活動の現状に関する Q&A」〈http://www.momat.go.jp/fc/aboutnfc/filmbunka/〉［2016 年 5 月 31 日閲覧］
168）同上
169）2008 年時点。東京国立近代美術館フィルムセンター〈http://www.momat.go.jp/fc/aboutnfc/fiaf70thmanifesto/〉［2016 年 5 月 31 日閲覧］

170) 放送ライブラリー「放送番組センターについて」〈http://www.bpcj.or.jp/other/〉［2016年5月31日閲覧］
171) エマニュエル・オーグ『世界最大デジタル映像アーカイブ INA（イナ）』西兼志訳（白水社, 2007）p.19
172) 同上. p.68
173) 〈https://www. youtube. com/channel/UCHq777_waKMJw6SZdABmyaA〉［2016年5月31日閲覧］
174) エマニュエル・オーグ『世界最大デジタル映像アーカイブ INA（イナ）』西兼志訳（白水社, 2007）p.77
175) 同上. p.78
176) 映像メディア創造機構『映像アーカイブのノート = Editorial Notebook : Archives of Moving Image』（映像メディア創造機構, 2009）p.22
177) エマニュエル・オーグ『世界最大デジタル映像アーカイブ INA（イナ）』西兼志訳（白水社, 2007）p.125
178) 上記資料発刊時点での数字である。
179) 文化庁「著作権不明等の場合の裁定制度」より。〈http://bunka.go.jp/seisaku/chosakuken/seidokaisetu/chosakukensha_fumei/〉［2016年6月30日閲覧］
180) エマニュエル・オーグ『世界最大デジタル映像アーカイブ INA（イナ）』西兼志訳（白水社, 2007）p.71
181) 同上. p.116
182) 高野明彦監修『検索の新地平 集める、探す、見つける、眺める 角川インターネット講座08』（KADOKAWA, 2015）p.83
183) 同上. p.87
184) 同上. p.111
185) World Digital Library. 〈https://www.wdl.org/en/〉［2016年5月31日閲覧］
186) 日本図書館情報学会研究委員会編『図書館・博物館・文書館の連携』（勉誠出版, 2010）p.82
187) 同上. p.78
188) Europeana 〈http://www.europeana.eu/〉［2016年5月31日閲覧］
189) 日本図書館情報学会研究委員会編『図書館・博物館・文書館の連携』（勉誠出版, 2010）p.78
190) NDL東日本大震災アーカイブひなぎく. 〈http://kn.ndl.go.jp/〉［2016年5月31日閲覧］
191) 国立国会図書館電子情報部電子情報流通課『ひなぎく パンフレット』（国立国会図書館、2015. 5）

注　185

192) 総務省「教えて東日本大震災アーカイブ『総務省』」（広報誌）2013.4, p.5
193) 竹内冬郎「放送番組の流通　著作権をめぐる疑問を解く　第二回　権利処理を簡単にできないか？」『放送研究と調査』, 2005, vol. 55, no. 12, p.40
194) 加入した日から数えて1か月間が見放題となる場合と、加入した月の末日までが見放題となる場合がある。
195) 視聴本数の制限や見放題の対象外となるコンテンツが設定される場合もある。
196) 村井純『インターネット新世代』（岩波書店, 2010）p.32
197) アビナッシュ・コーシック『Web アナリスト養成講座』内藤貴志訳（翔泳社, 2009）p.103
198) 動画共有サイトで探すこともできるが、その手間をかけずに同一ページ内で視聴できるかどうかが利便性とユーザーの固着を左右するといえる。
199) レジス・ドブレ『イメージの生と死　レジス・ドブレ著作選4』嶋崎正樹訳（NTT 出版, 2002）p.386
200) ディヴィッド・ボードウェル, クリスティン・トンプソン『フィルムアート　映画芸術入門』飯岡詩朗ほか訳（名古屋大学出版会, 2007）p.480
201) インターネット配信においても、特別なアプリケーションを使用するなどの方法でコンテンツをユーザーに送りつける（Push する）ことは可能であり、視聴されたかどうかの結果は得ることもできる。また、その結果を元に、より視聴される可能性があると思われるものを対象に対してターゲティングして送ることもできる。
202) パトリック・バーワイズ, アンドルー・エーレンバーグ『テレビ視聴の構造　多メディア時代の「受け手」像』田中義久, 伊藤守, 小林直毅訳（法政大学出版局, 1991）p.223
203) ワンセグと呼ばれる帯域を利用した規格による受信装置を内蔵した携帯電話が日本では普及した。
204) エマニュエル・オーグ『世界最大デジタル映像アーカイブ　INA（イナ）』西兼志訳（白水社, 2007）p.80
205) 同上. p.97
206) ジャック・デリダ, ベルナール・スティグレール『テレビのエコーグラフィー　デリダ〈哲学〉を語る』原宏之訳（NTT 出版, 2005）p.89
207) 映像メディア創造機構『映像アーカイブのノート = Editorial Notebook : Archives of Moving Image』（映像メディア創造機構, 2009）p.18

## 参考文献

(外国人著者は性のアルファベット順、日本人著者は五十音順。
同一著者は日本での出版年順)

ダニエル・アリホン（Arijon, Daniel）『映画の文法　実作品にみる撮影と編集の技法.』岩本憲児，出口丈人訳（紀伊国屋書店，1980）

ジャック・オーモンほか（Aumont, Jacques et al）『映画理論講義　映像の理解と探究のために』武田潔訳（勁草書房，2000）

ベラ・バラージュ（Balázs, Béla）『映画の理論』佐々木基一訳（學藝書林，1970）

エリック・バーナウ（Barnouw, Erik）『映像の帝国　アメリカ・テレビ現代史』岩崎昶訳（サイマル出版会，1973）

エリック・バーナウ（Barnouw, Erik）『ドキュメンタリー映画史』安原和見訳（筑摩書房，2015）

パトリック・バーワイズ，アンドルー・エーレンバーグ（Barwise, Patrick et al.）『テレビ視聴の構造　多メディア時代の「受け手」像』田中義久，伊藤守，小林直毅訳（法政大学出版局，1991）

ジャン・ボードリヤール（Baudrillard, Jean）『湾岸戦争は起こらなかった』塚原史訳（紀伊國屋書店，1991）

アンドレ・バザン（Bazin, André）『映画とは何か（上）（下）』野崎歓，大原宣久，谷本道昭訳（岩波書店，2015）

シーラ・カーラン・バーナード（Bernard, Sheila Curran）『ドキュメンタリー・ストーリーテリング　「クリエイティブ・ノンフィクション」の作り方　日本特別編集版』島内哲朗訳（フィルムアート社，2014）

デイヴィッド・ボードウェル，クリスティン・トンプソン（Bordwell, David et al.）『フィルム・アート　映画芸術入門』飯岡詩朗ほか訳（名古屋大学出版会，2007）

ウォーレン・バックランド（Buckland, Warren）『フィルムスタディーズ入門　映画を学ぶ楽しみ』前田茂，要真理子訳（晃洋書房，2007）

C・W・ツェーラム（Ceram, C. W）『映画の考古学』月尾嘉男訳（フィルムアート社，1977）

ブルース・カミングス（Cumings, Bruce）『戦争とテレビ』渡辺将人訳（みすず書房，2004）

ヒルマン・カーティス（Curtis, Hillman）『ヒルマン・カーティス：ウェブ時代のショート・ムービー』吉田俊太郎訳（フィルムアート社，2006）

レジス・ドブレ（Debray, Régis）『イメージの生と死　レジス・ドブレ著作選4』嶋崎正樹訳（NTT出版，2002）

ジル・ドゥルーズ（Deleuze, Gilles）『シネマ2　時間イメージ』宇野邦一ほか訳

（法政大学出版局，2006）
ジル・ドゥルーズ（Deleuze, Gilles）『シネマ1 運動イメージ』財津理，齋藤範訳（法政大学出版局，2008）
ジャック・デリダ，ベルナール・スティグレール（Derrida, Jacques et al.）『テレビのエコーグラフィー デリダ〈哲学〉を語る』原宏之訳（NTT 出版，2005）
ウィルソン P. ディザード（Dizard, Wilson P）『世界のテレビジョン』津川秀夫訳（現代ジャーナリズム出版会，1968）
ウンベルト・エーコ（Eco, Umberto）『失われた透明性』西兼志訳（水島久光，西兼志『窓あるいは鏡 ネオ TV 的日常生活批判』所収）（慶應義塾大学出版会，2008）
ウンベルト・エーコ（Eco, Umberto）『開かれた作品』篠原資明，和田忠彦訳（青土社，2011）
エイゼンシュテイン（Eisenstein, Sergei）『エイゼンシュテイン解読 論文と作品の一巻全集』岩本憲児編（フィルムアート社，1986）
トマス・エルセサー，ウォーレン・バックランド（Elsaesser, Thomas et al.）『現代アメリカ映画研究入門』水島和則訳（書肆心水，2014）
マーティン・エスリン（Esslin, Martin）『テレビ時代』黒川欣映訳（国文社，1986）
シド・フィールド（Field, Syd）『シド・フィールドのシナリオ講座』高久通代訳（『シナリオ入門』所収）（宝島社，1991）
シド・フィールド（Field, Syd）『映画を書くためにあなたがしなくてはならないことシド・フィールドの脚本術』安藤紘平ほか訳（フィルムアート社，2009）
ジョン・フィスク（Fiske, John）『テレビジョンカルチャー ポピュラー文化の政治学』伊藤守ほか訳（梓出版社，1996）
フランシス・H・フラハティ（Flaherty, Frances Hubbard）『ある映画作家の旅 ロバート・フラハティ物語』小川紳介訳（みすず書房，1994）
ジャン＝リュック・ゴダール（Godard, Jean Luc）『ゴダール/映画史 Ⅰ・Ⅱ』奥村昭夫訳（筑摩書房，1982）
アドルフ・ヒトラー（Hitler, Adolf）『ヒトラーのテーブル・トーク 1941-1944 上・下』吉田八岑監訳（三交社，1994）2冊
エマニュエル・オーグ（Hoog, Emmanuel）『世界最大デジタル映像アーカイブ INA（イナ）』西兼志訳（白水社，2007）
アビナッシュ・コーシック（Kaushik, Avinash）『Web アナリスト養成講座』内藤貴志訳（翔泳社，2009）
ジークフリート・クラカウアー（Kracauer, Siegfried）『カリガリからヒトラーへ ドイツ映画1918-33における集団心理の構造分析』丸尾定訳（みすず書房，1995）
レフ・クレショフ（Kuleshov, Lev）『映画監督論』馬上義太郎訳（映画評論社出版部，1937）

ローラ・R.リンダー（Linder, Laura R）『パブリック・アクセス・テレビ　米国の電子演説台』松野良一訳（中央大学出版部，2009）

レフ・マノヴィッチ（Manovich, Lev）『ニューメディアの言語　デジタル時代のアート、デザイン、映画』堀潤之訳（みすず書房，2013）

マーシャル・マクルーハン（McLuhan, Marshall）『メディア論　人間の拡張の諸相』栗原裕，河本仲聖訳（みすず書房，1987）

クリスチャン・メッツ（Metz, Christian）『映画における意味作用に関する試論　映画記号学の基本問題』浅沼圭司監訳（水声社，2005）

ジェイムズ・モナコ（Monaco, James）『映画の教科書　どのように映画を読むか』岩本憲児ほか訳（フィルムアート社，1983）

ウォルター・マーチ（Murch, Walter）『映画の瞬き　映像編集という仕事』吉田俊太郎訳（フィルムアート社，2008）

レニ・リーフェンシュタール（Riefenstahl, Leni）『回想　上・下』椛島則子訳（文藝春秋，1991）

ワーナー・リンクス（Rings, Werner）『第5の壁テレビ　その歴史的変遷と実態』山本透訳（東京創元社，1967）

ポール・ローサ ほか（Rotha, Paul et al.）『ドキュメンタリィ映画　あるがままの民衆の生活を創造的に、社会的関連において解釈するための映画媒体の使用法について』厚木たか訳（未来社，1976）

リチャード・ラウド（Roud, Richard）『映画愛　アンリ・ラングロワとシネマテーク・フランセーズ』村川英訳（リブロポート，1985）

ジョルジュ・サドゥール（Sadoul, Georges）『世界映画史　第2版』丸尾定訳（みすず書房，1980）

ジョルジュ・サドゥール（Sadoul, Georges）『世界映画全史1　諸器械の発明　1832-1895　プラトーからリュミエールへ』村山匡一郎，出口丈人訳（国書刊行会，1992）

ロバート・スタム，ロバート・バーゴイン，サンディ・フリッタマン＝ルイス（Stam, Robert et al.）『映画記号論入門』丸山修ほか訳（松柏社，2006）

ポール・ヴィリリオ（Virilio, Paul）『戦争と映画——知覚の兵站術』石井直志，千葉文夫訳（ユー・ピー・ユー，1988）

有田勝美『デジタルSFXの世界　ハリウッド映像革命の現場から』（日経BP出版センター，1995）

浅沼圭司ほか編集・執筆『新映画事典』（美術出版社，1980）

岩本憲児，波多野哲朗編『映画理論集成』（フィルムアート社，1982）

岩本憲児，武田潔，斉藤綾子編『「新」映画理論集成1　歴史/人種/ジェンダー』

（フィルムアート社，1998）
岩本憲児，武田潔，斉藤綾子編『「新」映画理論集成 2 知覚/表象/読解』（フィルムアート社，1999）
映画の事典編集委員会編『映画の事典　改定版』（合同出版，1980）
映像メディア創造機構『映像アーカイブのノート ＝ Editorial Notebook: Archives of Moving Image』（映像メディア創造機構，2009）
NHK 放送文化研究所『NHK データブック　世界の放送 2015』（NHK 出版，2015）
岡田晋ほか編集・執筆『現代映画事典　改訂版』（美術出版社，1973）
岡田晋『映画学から映像学へ　戦後映画理論の系譜』（九州大学出版会，1987）
社団法人デジタルメディア協会編『AMD 白書 2010　ネットワークコンテンツ市場の動向とビジネスフロンティア』（デジタルメディア協会，2010）
鈴木誠一郎，喜多千草編『映像制作入門　見せることへのファーストステップ』（ナカニシヤ出版，2009）
高野明彦監修『検索の新地平　集める、探す、見つける、眺める　角川インターネット講座 08,』（KADOKAWA，2015）
高橋和，中村唯史，山崎彰編『映像の中の冷戦後世界　ロシア・ドイツ・東欧研究とフィルム・アーカイブ』（山形大学出版会，2013）
竹内冬朗「放送番組の流通　著作権をめぐる疑問を解く　第一回　番組の著作権者は誰か？」『放送研究と調査』vol. 55, no. 11, pp. 2-13（NHK 放送文化研究所，2005）
竹内冬朗「放送番組の流通　著作権をめぐる疑問を解く　第二回　権利処理を簡単にできないか？」『放送研究と調査』vol. 55, no. 12, pp. 34-45（NHK 放送文化研究所，2005）
竹内冬朗「放送番組の流通　著作権をめぐる疑問を解く　第三回　IP 再送信は可能か？」『放送研究と調査』vol. 56, no. 1, pp. 12-24（NHK 放送文化研究所，2006）
千葉伸夫『映像史　19 世紀から 21 世紀までの映像メディアの歴史と攻防』（映人社，2009）
二瓶和紀，宮田ただし『映像の著作権．第 2 版』（太田出版，2016）
日本大学芸術学部映画学科編『映画製作のすべて　映画製作技術の基本と手引き』（写真工業出版社，1999）
日本図書館情報学会研究委員会編『図書館・博物館・文書館の連携（シリーズ・図書館情報学のフロンティア No. 10）』（勉誠出版，2010）
日本放送協会放送文化研究所「特集・日本におけるテレビ普及の特質　3 分冊の 1」『放送学研究 8』（日本放送出版協会，1964）
蓮實重彦『ハリウッド映画史講義　翳りの歴史のために』（筑摩書房，1993）
村井純『インターネット新世代』（岩波書店，2010）
村山匡一郎編『映画史を学ぶクリティカル・ワーズ　新装増補版』（フィルムアー

ト社,2013)
山下慧,井上健一,松崎健夫『現代映画用語事典』(キネマ旬報社,2012)

## 索　引

4K ……………………………………… 5
A/B テスト …………………………… 155
AI ……………………………… 135,156
BBC iPlayer ………………… 131,139
DRM …………………………………… 141
Europeana ……………………… 15,136
Hulu …………………… 107,131,139
INA（フランス国立視聴覚研究所）
　………10,11,128,130〜132,138,170
Netflix ………………………… 4,107,146
NHK オンデマンド ………… 107,131,140
Snapchat ……………………………… 119
SNS ……………………… 3,164,167,172
Vine …………………………………… 119
Web 解析 ……………………… 114,149〜157
World Digital Library ……………… 15,136
YouTube …… 11,14,106,107,131,139,146

アーカイブ型 ……… 112,131,139,143,172
赤狩り ……………………………… 81,98
アグリゲーション ……… 142〜144,146,172
アノテーション ……………………… 134
『アラン』 ……………………………… 56〜60
『意志の勝利』 ………………………… 78,79,83
『イングリッシュ・ペイシェント』 …… 38
『イントレランス』 …………………… 75〜77
ウィンドウコントロール …………… 163,164
ヴェルトフ ……………………………… 77
エイゼンシュテイン ………………… 37,77,78
『映像の世紀』 ………………………… 129
絵コンテ ……………………………… 24
エジソン ……………………………… 70
エスタブリッシングショット ………… 33
オリジナルコンテンツ ……………… 118,146

隠し撮り ……………………………… 34
『勝手にしやがれ』 …………… 61,63,64
『カメラを持った男』 ………………… 77
『カリガリ博士』 ……………………… 78
関連動画 ……………………………… 165
『喫煙席発—過去行』 ……………… 47〜49
キネトスコープ ……………………… 70〜72
『キノ・プラウダ』 …………………… 77
キャッチアップ型 …… 112,131,139,143,172
キャプラ ……………………………… 80,81
キュレーション ……………………… 172,173
キュレーター ………………………… 172
グリアスン …………………………… 78,80
グリフィス …………………………… 75〜77
クレショフ …………………………… 36,37,77
携帯端末 …………………… 13,14,47,49
『月世界旅行』 ………………………… 73
月面着陸 ……………………………… 102
ケネディ ……………………… 99,101,124
検索エンジン ………………………… 150,153
国際フィルムアーカイブ連盟
　………………………………… 124,127,132
『国民の創生』 ……………………… 75,76,89
国立国会図書館東日本大震災アーカイブ
　……………………………………… 15,137
ゴダール ……………………… 61,63,127
古典的ハリウッド映画 ………… 41,47,63
コンテンツ・プロバイダー ………… 144〜146

再放送 …………… 94,95,111,112,153,164
3 幕構成 ……………… 41,42,44,47〜51
シークエンス ………………… 39,40,65,75
シーン ………………………………… 39,40
視聴数
　…114〜118,143,151,152,154,155,159

視聴率……………114～117,152,159,164
実況中継……………85～91,102,104,169
シネマテーク・フランセーズ……126,127
シネマトグラフ………………70～73,126
ジャンプカット…………………………63
ショット……………………………20～22
『真珠湾攻撃』………………66,68,80,81,124
ストリーミング………………………113
『戦艦ポチョムキン』……………37,77,78
先行配信…………………………14,169
想定線………………………………22,
　23,25,26,28,31,33～35,62,63,90,97
双方向性………8,9,13,109,113,114,
　117,120,146,149,150,153,156,159

ダイジェスト……………………156,172
タイムシフト………………166,169,172
ダウンロード…………………………113
著作権………107,108,112,130,132,
　133,135～137,140,141,143,169,171
ディエゲーシス…………………………40
テレビ討論………………………………99
『ドイツ週間ニュース』………………79,80
動画投稿サイト
　…14,106～108,117～119,139,144,146
同時性………………………9,85～88,90
　～96,101～103,109,110,160,162,172
動線分析…………………………154,155

『汝の敵　日本を知れ』…………………81
ニコニコ動画……………………106,139
ニュースリール………………………53,54
ヌーヴェル・ヴァーグ………61,126,127

『ハーバード白熱教室』………………117
ビッグデータ…………………………156

ビデオオンデマンド
　…8,9,12,109～113,152,160,162,164
ヒトラー……………………………78～80,83
フィルム・ライブラリー………126～128
フォード……………………………68,80
『フォレスト・ガンプ』………………124
プラットフォーム事業者………144～146
フラハティ………………………57,60,61,78
フレーミング………………………21,22
プロット…………………………40,41
プロットポイント………………44～50
プロパガンダ………………………72,73,
　76,78～84,101,117,120,122,129
ベトナム戦争……………100,102～104
法定納入………………………………129
訪問者……………………146,147,150～154
ホーム・ムービー………………………82

マッカーシー…………………………98,99
『マトリックス』……………………43～46,49
マルチデバイス……………167,168,170,172
マロー…………………………………98
ミザンセーヌ………………………35,36,78
メタデータ……122,133～136,141,154,171
メリエス………………………………73～75
モンタージュ……22,36,37,76,77,81,88,89

ライブストリーミング………………8,9,109
リーフェンシュタール………………78,79,81,83
リュミエール
　………6,17,19,70,73,74,82,96,161
レコメンデーション………………155,156

『われらはなぜ戦うか』…………………81
湾岸戦争……………………………103～105

## おわりに

　私事ではあるが、大学1年の時、アルバイト代を貯めた資金で8mmフィルム用のカメラと映写機を入手し、ささやかな自主映画（当時8mmフィルムによる映像コンテンツは小型映画と呼ばれていた）を撮った。大学3年の時に通った映像研究所の課題は8mmフィルムによる3分ほどのショート・ムービーだった。

　大学卒業後、放送局に勤めたが、赴任先の局では、16mmフィルムによる番組を作った。ビデオテープレコーダーはまだ2インチ幅のテープを使う大型の機材が配備されており、4分の3インチという比較的小型の機材はニュース取材にしか使えなかった。そのニュースですら、ビデオテープによる取材は最新の手法であり、一部ではまだフィルム・カメラが使われていた。ニューススタジオに近いところに現像室があって、スティーンベックという大型の編集台もそばに置かれていた。夕方のニュース番組に間に合わせるために、現像があがったばかりのフィルムを編集するや否や、ただちに送出装置に装塡して放送していた光景の記憶は鮮明に残っている。

　やがて、東京に異動して、ドラマやニュース、ドキュメンタリー、スタジオ・バラエティなど色々な番組や、携帯端末向けのコンテンツの開発、インターネットでの映像配信サービスなど様々な事業を担当したが、その間にも機材は次々に入れ替わった。そして、動画ファイルをメモリーに収録し、素材はインターネット回線で伝送、編集はパーソナル・コンピューター上でおこない、放送と共に配信もすることが可能になった。

　これらのことが30年あまりの間に起こったのである。印刷術の発明によって出版事業が生まれてからの数百年と比すると、映像メディアにおける変化の劇的であることに驚かざるを得ない。

　映画からテレビへ、そしてインターネットへ、と移り変わったそのさなか

に身を置いていた立場を振り返ると、一身にして二世どころか三世を経るの思いがする。

　この劇的な変転の間にも、しかし、変わらなかったものがある。何が変わって、何が変わっていないのか。映像の仕事に携わり、メディアの転換にごく間近で立ち会ってきた者として、その様相をおほろげにでも記述できればという思いが、浅学菲才を顧みず本書を記した動機である。もとより内容の未熟と過誤については、大方の叱正を乞うしかないが、本書が映像メディアに興味を持つ方たちにとって僅かながらでも参考になる点があれば幸甚の至りである。

　末筆ではあるが、本書を執筆するきっかけを作ってくださった筑波大学知的コミュニティ基盤研究センター長の綿抜豊昭先生と、映像制作の現場にいた頃からの恩師である鈴木誠一郎先生に、尽きぬ感謝の思いを捧げさせていただきたい。また、本書の出版および編集の労をとってくださった和泉書院代表取締役編集長の廣橋研三さんにも同じく深甚の謝意を述べさせていただきたい。

■ 著者紹介

辻　　泰明（つじ　やすあき）

筑波大学教授。
東京大学文学部フランス語フランス文学科卒。
日本放送協会入局後、ドラマ部、ナイトジャーナル部、スペシャル番組部、教養番組部などで番組制作に従事。その後、編成局にて視聴者層拡大プロジェクトおよび携帯端末向けコンテンツ開発などを、オンデマンド業務室にてインターネット配信業務を担当。2015年より現職。

主な担当番組は、
ディレクターとして、
ＮＨＫスペシャル『パールハーバー・日米の運命を決めた日』、同『映像の世紀（第５集および第７集）』、同『街道をゆく』、ドキュメンタリー・ドラマ『宮沢賢治・銀河の旅びと』など。
プロデューサーとして、
定時番組『その時歴史が動いた』の企画開発およびＮＨＫスペシャル『信長の夢・安土城発掘』、同『幻の大戦果・大本営発表の真実』など。

---

映像メディア論　映画からテレビへ、そして、インターネットへ
2016年9月30日　初版第1刷発行

著　者　辻　　泰明
発行者　廣橋研三
発行所　有限会社 和泉書院
〒543-0037　大阪市天王寺区上之宮町 7-6
電話 06-6771-1467
振替 00970-8-15043

印刷／製本　亜細亜印刷
装訂　上野かおる

ⓒ Yasuaki Tsuji 2016 Printed in Japan
本書の無断複製・転載・複写を禁じます

ISBN978-4-7576-0812-2 C1336

## ―― 和泉書院の本 ――

|  |  |  |  |
|---|---|---|---|
| 和泉事典シリーズ | 国語表現事典 | 榊原 邦彦 著 | 2500円 |
| 和泉選書 | 大学図書館の挑戦 | 田坂 憲二 著 | 2500円 |
| 和泉選書 | まど・みちお 懐かしく不思議な世界 | 谷 悦子 著 | 2200円 |
| 和泉選書 | 評伝 三宅雪嶺の思想像 | 森田 康夫 著 | 2700円 |
| 大阪市立大学人文選書 | アートの力 | 中川 眞 著 | 1800円 |
| 大阪市立大学人文選書 | モダンドラマの冒険 | 小田中 章浩 著 | 1800円 |
| 大阪市立大学人文選書 | ヒュームの人と思想 宗教と哲学の間で | 中才 敏郎 著 | 1600円 |
| 徹底鑑賞!! | 100回『となりのトトロ』を見ても飽きない人のために | 細江 光 著 | 2700円 |
| | 村上春樹と小説の現在 | 日本近代文学会関西支部 編 | 2400円 |
| | 新作能マクベス DVD付 | 羽衣国際大学日本文化研究所 泉 紀子 編 | 5000円 |

（価格は税別）